お母さん！学校では防犯もSEXも避妊も教えてくれませんよ！

とにかく明るい性教育【パンツの教室】協会代表理事
のじまなみ 著

はじめに

私はこれまで、「とにかく明るい性教育【パンツの教室】協会」代表理事として、4千人以上のお母さんと出会い、いろいろな悩みを共有してきました。

そして、数多くのお子さんやご家族と接する中でわかってきたことがあります。それは、皆さん悩んでいることは「ほぼ同じ」ということ。

にもかかわらず、他の悩みなら「うちの子、九九できないのよね～」「ピーマンが苦手でね～」と、ママ友や先生、両親やご主人に相談できるのに、「性」にまつわる話だけは誰にも相談できずに「うちの子だけ？」と悩んでいる方が実に多かったのです。

これはお母さんだけでなく、子ども達もまた同じこと。

大人からしてみたら笑えるくらい些細なことでも、子どもにとっては、死にたいくらいの大きな悩みだったりします。

今、女の子だけでなく男の子も、性犯罪や児童ポルノなど、様々な悲しい事件の被害者になっています。声も出さない、何が犯罪かわからないような、性教育を受けていない子どもが狙われます。

時には子ども自身が加害者になることもあります。

性犯罪を犯してしまうだけではありません。

幼いうちは悪気なく性的な嫌がらせをしてしまい、相手を深く傷つけることだってあるのです。

「我が子にはそんなふうになって欲しくない！」

そんなお母さん達に今必要なのは、正しい性教育のスキルと、それを実行する行動力です。

大丈夫！

正しく伝える方法さえわかれば、子どもは性教育を親からの「愛情」として、そして「大切な知識」として受け取ってくれます。

命の大切さを知っている子は自分を大切にします。

愛を教えてもらった子は他人に優しくできます。

あなたの大切なお子さんが、人をいたわり、自分を大切にできますように……！

本書では、性犯罪の防ぎ方を含め、セックスや命の誕生、子ども達の心の変化から、今すぐできる性教育まで、お母さんに知っておいてほしいことをわかりやすくまとめました。

我が子を愛するすべてのお母さんのお役に立てれば、これ以上の幸せはありません。

とにかく明るい性教育【パンツの教室】協会代表理事　のじまなみ

目次

PART

3

PART 4

いざ性教育！ まぁまぁ焦らずその前に…… ―― P.71

PART 5

実践！ 性教育 ―― P.93

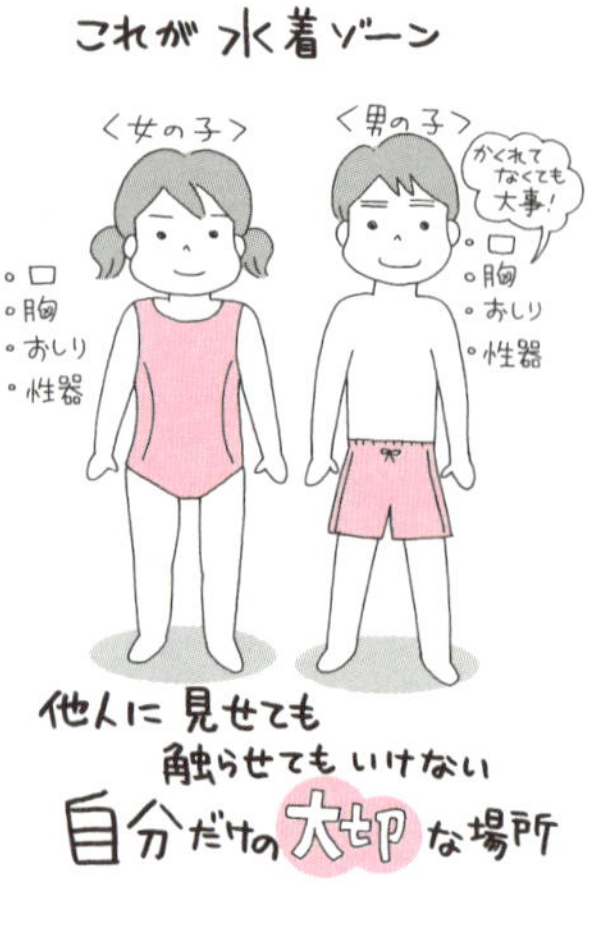

PART

6

オレなしではいられなくしてやんよ!!
淋病
エイズ
妊娠
クラミジア
ぜったいつけて
ピースして
性病にNO
ハグして
彼女を守るぜ
CHU
5秒でつけるよ

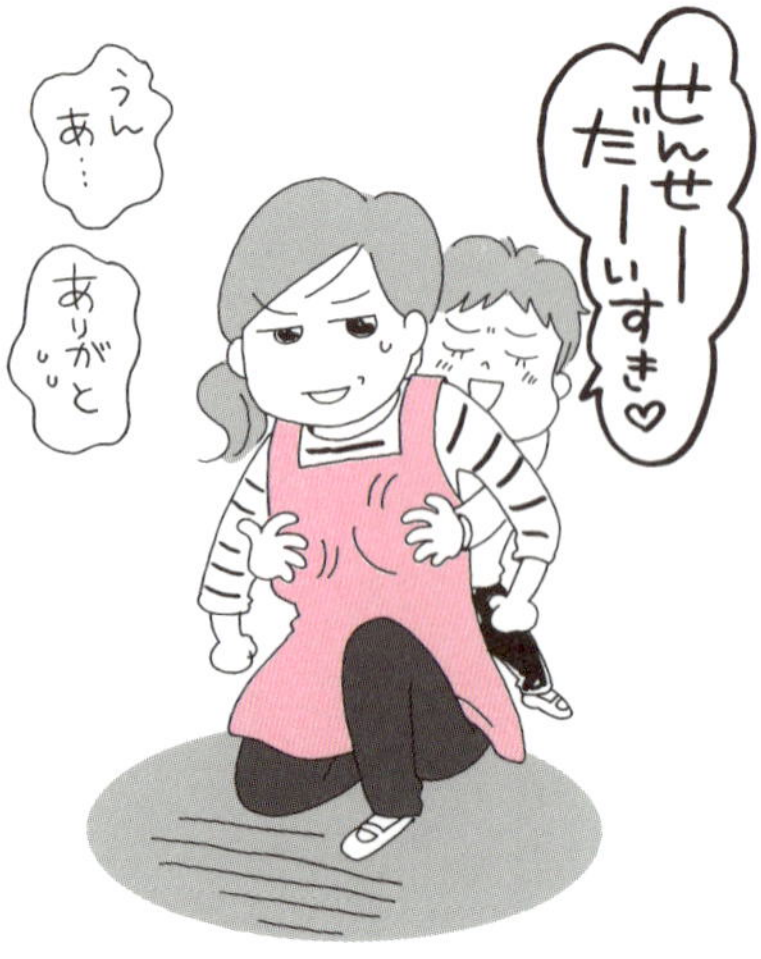
せんせーだーいすき♡
うん あ…
ありがと…

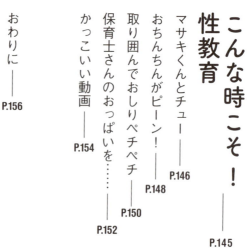

PART 1

性教育は メリットしかない！

1「ねぇ、君の体、触らせて」

「あっちに、可愛い子犬がいるよ」
「道がわからなくて困っているんだ、一緒についてきてくれない？」
「ねぇ、君の体、触らせて」

もしあなたのお子さんが、こんな風に知らない人から声を掛けられたら……考えただけでもぞっとしますよね。その時に我が子がどんな風に答えるか、想像したことはありますか？

「やめてください」

「ついて行ってはいけないと言われています」

そんな風に言える子であってほしい。親ならそう信じたいですが、残念ながら、実際には、そんな返事ができる子は多くありません。「楽しそうだからついて行こう！」「困っているなら……」「触らせてもいいんじゃない？」と、子ども達は、

いとも簡単にその人について行ってしまうものなのです。

一体、それはなぜでしょうか？　それは、子ども達がまったく「危機意識」を持ちあわせていないから。ついて行った先に何があるのか、自分の体を触らせたあとに一体何が起こるのか、子ども達は１ミリも想像することができないのです。

2 性教育後進国・日本

ユネスコが２００９年に発表した「国際セクシュアリティ教育ガイダンス」では「性教育の開始年齢」が設定されています。さて、いくつだと思いますか？

答えは、なんと「５歳」です。このガイダンスは強制力を伴うものではありませんが、世界各国の教育現場に影響を与えています。

では日本はどうでしょうか？

実は、世界から見ると、日本は驚くほどの**「性教育後進国」**です。「寝た子は起こすな」という性教育に対する拒否反応は根強く、長くタブー視されています。

1990年代に入りHIVの感染拡大が起きると、空前の性教育ブームが起こり、1992年は「性教育元年」と呼ばれたりもしました。しかし、すぐにバッシングが起こり、性教育はブーム前より後退というなんとも悲しい結果に……。ユネスコのガイダンスも、そんな名残を受けてか、残念ながら日本ではまだまだ受け入れられていません。

その一方で日本は**「性産業先進国」**という、なんとも恥ずかしい汚名をいただいています！　世界のポルノの6割は日本で生産されており、コンビニでは子どもの目線の高さに堂々とおっぱいポロリのHな本が置いてあります。インターネットは子どもと誤った性の情報を簡単につなぎ、子どもが性の対象になった事件を伝えるニュースは毎日のように聞こえてきます。お母さんなら一度はヒヤッとした経験があるのではないでしょうか？

私の元には、日々たくさんのお母さんからメッセージが送られてきます。その多くが「我が子を守りたい」という危機感に溢れるものばかりです。お母さんは愛する子どもを性の被害者にしたくはありません。もちろん加害者にもしたくあ

これがまた、絶妙な高さに置いてあるんですよね……（苦笑）

りません。ではお母さんができることは何でしょうか？

それは、「性教育」です。

性教育を受けた子どもは「その先に何が起こるのか」をイメージできるので、たとえ「子犬がいるよ」「君の体、触らせて」と知らない人に声を掛けられたとしても、「今、自分の身に危険が迫っている！」と判断し、自分の身を守ることができるのです。

3 学校では肝心なことは教えてくれません！

「性教育は学校にお願いしておこう」
「私も習っていないけど、何事もなく育ったし……」
「恥ずかしくて、そんなこと誰かにお任せしたい」

こう思うお母さん、多いですよね。

しかし残念なことに、子どもが知りたいことや、親が教えて欲しいと思うことと、学校としてできることには大きな隔《へだ》たりが存在します。

国公立では、小学4年生で初めて性教育を保健体育の授業で行います。しかし授業数は学校によってもまちまちで、多くても1～3時間ほどが限界です。小中学校では、学校指導要領の中に載っていない文言は扱わないということもあり、授業の中で「セックス」や「避妊」といった単語を子どもたちが聞くことはありません。

性教育がどんな授業なのか、今時のオマセな子どもたちは、ワクワクしながら待っているのに、結局「なぜ子どもができるのか」「セックスとは何なのか」何もわからずモヤモヤが増えるだけの時間となってしまっているのです。

その〝モヤモヤ〟の行きつく先は、ずばり**「インターネット先生」！**

その検索結果がどんなものかは……簡単に想像できますよね。

もちろん学校の先生も一生懸命対応してくれていますが、性教育の知識が不足していたり、反対する保護者への対応、家族形態の変化への配慮（シングル家庭

やステップファミリーなど）、学校指導要領の制約などなど、問題は山積み……。教育現場と子どもたちを取り巻くリアルな性教育の距離が縮む日は、まだまだ先なことだけは確かです。

4 性教育の3大メリット

お母さん達は「性教育」が大切だと思っているのに、どうしても一歩を踏み出すことができません。それは一体、なぜなのでしょうか?

大人は、「性」という言葉に卑猥なイメージを持ちます。そして「性」＝「性産業」に想像が偏ってしまいがち。これが性教育をタブー視する原因のひとつとなっています。

しかし、子ども達にとっての性は、1ミリも卑猥なものではありません。

「性」という字は「心を生かす」と書きますよね。「性教育」とは本来、「命の誕生の奇跡」「愛し愛されること」「自分の身を守ること」を伝えることです。そして、

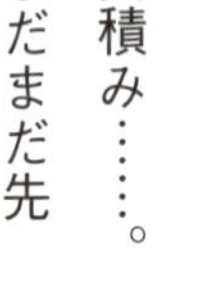

子ども達が持っている、性への純粋な好奇心を満たすことこそが、本当の「性教育」なのです。

お母さんがこうした性教育を行うことで、子ども達の人生に大きな宝物を授けてあげることにもつながります。それが、次の3つです。

❶ 自己肯定感が高まり、自分も人も愛せる人間になる

❷ 性犯罪の被害者・加害者にならない

❸ 低年齢の性体験、妊娠・中絶のリスクを回避できる

では、ひとつずつお話ししていきましょう。

メリット1　性教育の醍醐味！　親の愛がたっぷり伝わる

人生、生きていれば必ず1度や2度、挫折を経験します。小さな頃は、勉強やスポーツ、お友達とのトラブルなどなど、子どもながらに真剣に悩んだりするものです。成長したらしたで、受験に失敗したり、恋に破れたり、自分の容姿に悩んだり……。そんな毎日を生きる中で、10代の子ども達は死に関心を持ってしまうことが少なくありません。死というものに、ある種の憧れを抱いたり、死が日常と隣りあわせなのも10代の特徴です。事実、10代の死因のトップは自殺。背景には、自己肯定感の欠如があると言われています。

皆さん、ご存知でしたか？　日本の子ども達の自己肯定感が海外の子ども達に比べて、飛びぬけて低いことを。

日本は、世界一安全な国と言われていて、たくさんのモノに溢れています。子ども達が幸せに生きられる環境が整えられ、親からも、たくさんの愛情をもらっているはず。それなのに、「自分が好き」と思えない子どもがたくさんいる……

子どもの明るい未来のために!　いざ性教育!!

これって、とてもさびしいことだと思いませんか？

性教育の第一のメリットは、愛情を我が子に手渡すことができることです。

かといって、口下手な日本人です。「大好き」や「愛してる」という言葉を使うのは照れくさい方も多いですよね。

そんな時は、「あなたは何億もの奇跡が重なって生まれてきたんだよ」「ママもパパもあなたを待ち望んでいたんだよ」といった具合に、生まれてきた時の話をしてみてください。命の誕生について伝えようとすれば、自然に愛の言葉が溢れてきます。子どもは、喜びでいっぱいの表情でお母さんの言葉に聞き入ります。そして、しっかりと「愛情」を受け取り、自分のエネルギーにしていくのです。

自分が望まれて生まれてきたことや親の愛を実感できることは、〝愛情貯金〟になります。これが自己肯定感につながっていくのです。

お母さんから命の教育、愛の教育を受けている子どもは、たくさんの愛情貯金を持っているからこそ、例え「自分は一人」と思う瞬間があったり、死が頭をかすめたりしても、行動には移しません。

「私には家族がいる。愛してくれている人がいる」

小さな頃から少しずつ貯めてきたこの愛情貯金が、揺れる子ども達の気持ちを正しい方向へと導いてくれるのです。

自己肯定感が高まると、人のことも大切に思えるようになっていきます。子どもの中にある優しさや思いやりの心は、どんどん大きくなっていくでしょう。

「自分も人も愛せる人間になって欲しい」と、お母さんは生まれたばかりの我が子を抱いて願いましたよね。それは、お母さんの想いを伝えることでどんどん叶っていきますよ。

さらにもう一つ！　性教育を通して子どもの自己肯定感を育むことで、何でも話せる強い親子関係を築くことができるでしょう。何でも話せるというのは、〝友達親子〟になるのとは全く異なります。何でも話し合い、心が通じ合っているからこそ、時にはケンカし、時には笑って、寄り添い励ましあえる、強い絆で結ばれた親子関係となっていくのです。

メリット2　性教育は防犯教育

性犯罪は、親が子どもに起こって欲しくないと願うものの代表ではないでしょうか。「うちの子に限って……」と考えたくなるかもしれませんが、残念ながら子どもを対象にした性犯罪の件数は増加傾向にあり、13歳未満の子どもに対する性犯罪の検挙件数は全国で年間900件以上。特にSNSを経由した子どもの性被害は年々増加しており、強制わいせつだけでなく、児童ポルノ、自撮りした裸の写真をインターネットで流出させてしまうなど、その被害は多様化しています。さらには、自分が受けた行為が性犯罪だと子ども自身が気づいていない場合もあるため、検挙されていないケースは、その5倍から10倍にものぼるであろうと言われています。

不審者からの声掛けの危険性は、案外身近にあるものです。学校から不審者情報や注意喚起の連絡がたびたび来るという方も多いのではないでしょうか。声掛け事案の被害者は、小中学生が8割で女の子が6割。被害の8割は路上で起きて

いるそうです。さらに「子どもを対象にした性犯罪の6割は知り合いによって起こされた」という報告はとてもショッキングなものです。

また、私たちには、性犯罪の被害者は女性というイメージがあります。しかし、男の子だって被害に遭うことがあるのです。声掛け事案の被害者の6割が女の子という数字は、4割の被害者は男の子だということです。男の子を好む小児性愛者は一定数おり、とても陰湿です。「うちは男の子だし安心」と思っているなら、それはちょっと危険かもしれません。性犯罪は心の殺人と言われるように、精神的ダメージは計り知れません。お母さんが積極的に防犯に関わり、女の子も男の子も、性犯罪から身を守る方法を教えてあげてください。

子どもは「自分のまわりに、悪い大人なんていない！」と信じています。子どもたちの純粋な心を不安にしたくないと思うあまり、性犯罪の話なんてしたくない！　というのもまた親心。でもそれが、犯罪者の前に我が子を無防備に差し出しているのと同じことだとしたら……？

性犯罪に関する知識がない子どもたちは、「嫌だな」「あれ？」と思う性的な経

験をしても、「きっと勘違いだ」「自分が悪いんだ」「自分が我慢しなきゃ」と思い込んでしまいます。

でも、**お母さんから性教育を受けた子どもは、「自分がされたことは間違っている」ときちんと判断し、「親に相談しよう」と思えるようになります。**性教育で「自分と他人、それぞれの体にプライベートな大切な場所がある」と知り、「大切な場所だから、触られるのも触るのもおかしいこと」だと学んでいるからです。

子どもが「世の中には悪い大人がいる」ことを知るのは悲しいことにも思えますが、「仮面ライダーには仲間がいるけど、ショッカーもいる。プリキュアにも仲間がいるけど、悪の組織もいる。同じように、世の中には、あなたの味方になってくれる人がたくさんいるけど、いたずらをしたいって思う悪い人もいるんだよ」と教えてあげましょう。子ども達は、案外すんなりと理解するものです。

我が子が性犯罪の被害者になることを心配する一方で、「性犯罪の加害者や〝うっかり加害者〟になったらどうしよう」と不安を抱えているお母さんも多いのではないでしょうか？

「サングラスに帽子にマスク」なんて変質者はいません。
普通の人でも用心を!

うっかり加害者とは、悪気なく性的な嫌がらせをしてしまうことです。

例えば、友達のパンツを下ろしてみたり、スカートめくりをしてみたり、何気なくキスを迫ったり、おっぱいを触ろうとしてみたり……。幼児期であればやってしまいそうなことですが、やられた側にとっては心の傷となる可能性がとても高いのです。

性教育は、「自分と他人それぞれの体にプライベートな大切な場所がある」ことを学び、人にしてはいけないことをしっかり理解するとともに、相手をいたわる気持ちを育みます。だから、**性教育を受けている子どもは性犯罪の加害者にもうっかり加害者にもなりにくいのです。**

メリット3　性教育が子どもの夢いっぱいの未来を守る

低年齢での望まない妊娠、中絶――「うちの子に限って……ない、ない」と親は思うもの。

でもね、**「親の〝まだ早い〟はいつだって〝もう遅い〟」**んですよ!

お母さん、思い出してください。中高生の頃、セックスはちょっとしたステータスになっていませんでしたか? 経験済みの友達にちょっとうらやましい気持ちを持ってみたり、「経験している子はかっこいい」というようなヒエラルキーができてみたり。そういう空気の中で、「やっぱり、セックスにちょっと興味がある」という気持ちが芽生える……こんな時期、ありましたよね?

子ども達には、思春期になると「セックスは早く経験するのが良い」と思い込み、焦ってしまう時期がきます。その年齢も、私たちが生まれ育った時代よりどんどん、低年齢化しています。焦る気持ちと、不安な気持ち。そんな時、お母さんに「別に今しなくてもいいんだよ」と言ってもらえたら、とってもホッとすることでしょう。

性教育では、セックスの意味と大切さ、そして、それに伴うデメリットやリスクもきちんと伝えます。子どもは、**「今どうしてセックスをしてはいけないのか」理解するからこそ、興味本位のセックスをしなくなるのです。**

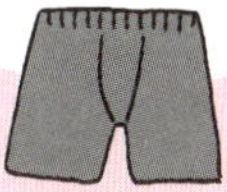

低年齢での望まない妊娠、中絶は、子ども達の友人関係、勉強、趣味、部活、夢、将来設計……多忙で多感で充実した青春時代を、あっという間に壊してしまいます。

それに、赤ちゃんの誕生は喜ばしいことのはずなのに、たった10年早く、10代で産んでしまうことで、幸せの象徴である赤ちゃんを疎ましく思ってしまう可能性が、残念ながらとても高いのも事実です。

中絶となれば一生心に傷が残るでしょう。

知っていれば防げたはずなのに……誰かに教えてもらっていれば、こんな悲しい思いはしなくてもすんだのに……。そんな経験を子ども達にはさせたくありませんよね。

子ども達が目標や夢に向かって毎日を駆け抜けていくために、性教育を通して私達お母さんがサポートしていきましょう！

5 性教育にはデメリットがある？

……とはいえ、自分の子どもに性教育をすることに躊躇するお母さんは少なくないでしょう。

「性教育でいろいろな言葉を覚えたら、外で言いふらすのでは？」
「かえって関心が強くなって、早熟になるのでは？」

特にこの2つのことを心配する方がとても多いです。

言いふらすのは、性教育を受けていない子

性教育を進める過程では、「自分にも人にもプライベートで大切な場所がある」ことを学びます。詳しくは後述しますが、これを「水着ゾーン」と言い、この概念を徹底的に教えます。

学校で「先生、セックスしたことある？」などと、からかう子どもがいます。

なぜこんなことを言ってしまうのでしょう？

理由は単純。

「水着ゾーン」に関わる話が人を傷つけるということを知らないから！

例えば、男の子が人前でおちんちんを出して注目を集めたがるのも、「水着ゾーン」を他人に見せる行為は、見た人が嫌な思いをすると知らないからです。

性教育を受けている子どもは、水着ゾーンの大切さを知っています。そのため、性に関わる言葉をいたずらに発したり、水着ゾーンを外で見せたりといった言動はとりません。そうした言動をとるのは、水着ゾーンを知らない、つまり性教育を受けていない子どもです。

また、性教育をするときには最初に、「水着ゾーンのことで困ったり、わからないことがあったりしたら、全部ママに聞いてね」という約束もします。そのため、周囲の大人が卑猥なイメージを抱いたり、言葉に詰まってしまうような単語を他の人に質問してまわるようなこともしません。

性の知識は子どもを守る

「性教育で子どもが早熟になる」

これは性教育に反対する大人たちが主張する決まり文句です。

しかし、**「正しい知識は子どもを守る」**ことが、実際に明らかになっています。

日本性教育協会などの調査では、「幼少期に適正な性教育を受けた場合には初体験の年齢が上がる」「性教育には望まない妊娠を防ぐ効果がある」ことがわかっています。また10代の人工妊娠中絶率が問題となっていた秋田県では、２０００年代初期から中高生の性教育をスタートすると、２０１１年度には、なんと中絶率を3分の1にまで減らすことに成功したという報告もあるのです。

性教育にはメリットしかない！

私はこう断言できます！

むしろ、性教育は、命の尊さ、愛情の深さ、相手をいたわる心を我が子に学ばせることのできる「愛情の連鎖」です。

性教育は「１００利あって１害なし」。

それをお母さん自らの手でできるなんて、すごく魅力的だと思いませんか？

PART

2

性教育は3～10歳で行うべし！

1 子どもは〝抜け道〟をつくる天才です

子どもの頃に「秘密基地でHな本を回し読みした」経験や「兄弟が隠し持っていたHなビデオをこっそり見た」経験、お母さんにもありませんか？

パンドラの箱をやっと手に入れて、ちょっとずつ開けていったあの頃……とってもドキドキしましたよね。

ですが、今はそんな時代ではありません！　パンドラの箱は遠い存在ではなく、チョコレートの箱と同じくらい子どものすぐ近くにいくつも落ちていて、ご丁寧にいつでも全開になっています!!

生まれながらにインターネットがある世界に生まれた子ども達。ちょっとクリックすれば、3歳でも卑猥な画像や映像が見られるのが今の時代です。小学生になってスマホを持てば、気になる言葉をスマホに伝えて、今度は自分で画像や動画を探し出すこともできてしまいます。性に関する情報に触れることは、避けようと思っても難しいのが現状です。

しかも、その情報は決して正しいものばかりではありません。

危険なことですが、ひな鳥がごとく、子ども達は最初に見たものを性の教科書として信じてしまいます。だからこそ！　親の声掛けがとても大切なのです。

例えば「ひとりで海に行きたい！」と子どもに言われたら、お母さんは何と返しますか？　溺れるのが心配で「海には行っちゃダメよ」と言うかもしれません。では川に行くとなると、「やっぱり、川もダメ」と言うでしょう。海も川も禁止された子どもが次に取る行動は……人目をしのんでプールを囲う金網の小さな穴を見つけてスルリとくぐって侵入し、そしてだれも見守ってくれないプールに思いっきり飛び込んでしまうに違いありません。

子どもは抜け道を見つける天才です。だから、**溺れて欲しくないのであれば、〝泳ぎ方〟を教えなければいけないのです。**

性教育も同じこと。こわい思い、つらい思いをさせたくないから遠ざけるのではなく、セックスとは何なのか、性犯罪とは何なのか、何が正しくて、何が間違っているのか……そこを教えてあげなければ、子ども達は間違った情報に溺れてし

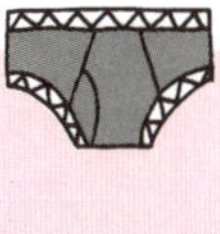

まうことでしょう。

ちなみに、子どもがインターネットを悪気なく使っていて、途中で卑猥なものを見つけたら、「その先を見たい！」と思いクリックするのは自然なこと。これは他のお子さんも同じなので、心配しなくても大丈夫。

でも、3歳でもHなサイトに簡単にアクセスできる時代だからこそ、やっぱり、子どもが抜け道を見つける前に親の言葉で本当の性を伝えておきたいですよね。

2 性教育は3歳から

では、具体的に何歳から性教育をはじめるとよいのでしょうか？

私は、性の話も親の愛情も素直に受け入れる年齢である「3歳から10歳まで」に行うべきだと考えています。

3歳から10歳は、ズバリ「うんこ・ちんちん・おっぱい」が大好きな年齢です！『うんこドリル』が爆発的に流行したこと、アニメ『クレヨンしんちゃん』

知らないうちにHな動画を……
これって実は“よくあること”なんです！

が25年を超えるご長寿番組になっていることがその証拠。

最近の幼児の間での流行歌は、「あ・あ・アンパンマンやさしい君は　ソーセージ　ミートボール　おいなりさんの皮♪」という替え歌なんですよ！　小学生低学年のキメ台詞は「一皮むけてちんちん侍！」（笑）。

下ネタのオンパレードですが、この年代の子ども達はそこにただ興味があるだけ。卑猥な感覚など持っていません。

そして、**3歳から5歳までに、80％の子どもが〝命のスタート〟に関する質問、つまり「赤ちゃんはどうやってできるか？」というストレートな質問を親にしてくる**とも言われています。

一方、10歳を過ぎると、子ども達は心も成長し、「うんこ・ちんちん・おっぱい」などと面白がることはなくなります。一緒にお風呂に入る、一緒に寝る、一緒に出掛けるという習慣もどんどん減っていきます。そうなってくると、性の話をするチャンスはほとんどありません。だからこそ、3歳から10歳の、下ネタワード全盛期にこそ、それを逆手にとって性の話をすることが重要となってきます！

精神分析学の創始者として知られるフロイトが研究した発達段階から考えても、3歳から10歳は性教育の適齢期に当てはまります。

フロイトの説では、母乳などから栄養を得ることが快感の「口唇期」を経て、幼児は「肛門期」に移ります。肛門期は、肛門からうんちが出ることに達成感を得るため、トイレトレーニングがうまくいくようになる時期です。そして幼稚園から小学校入学前くらいになると「男根期」を迎えます。男の子はおちんちんの存在に気づき、女の子はおちんちんが自分にはないと気づく時期。男の子が自分のおちんちんを触ってみたり、皮をびにょーんと伸ばしてみたりと、興味を示すのもこの頃です。よく男の子のお母さんから、「うちの子はおちんちんばっかり触っていて……」と相談されるのも、この年代の特徴ですね。

子どもが自分の体に興味を持つ肛門期・男根期だからこそ、お母さんからたくさん声掛けをしてみましょう！

「おしっこ行こうね、おちんちんはどう?」「おまんまん（我が家での女性器のあだ名です）をきれいに拭こうね」「普段はおちんちんもおしりも、パンツの中

に隠れているよね。大切な場所だから、出していいのはトイレの時だけだよ」「自分の大切な場所は自分で洗おうね」

など、折に触れて伝えることで、子ども達も少しずつ関心を持って聞くようになり、性の話を自然に受け入れるようになるでしょう。

3 性教育のギフト

実際に性教育をスタートすると、「あれ？ 私の思いがちゃんと届いているかも！」と思える瞬間が突然やってきます。そんな事例をいくつか紹介しますね。

6歳の男の子

ママが生理の時「ママ辛いよね。今日はゆっくり休んでね。ぼく、将来のお嫁さんにも優しくするんだ！」と言ってくれて、それまで息子に生理を隠していたことを反省しました。

子どもって、本当に好きなんですよね〜。
大丈夫、あなたのお子さんだけじゃない!

7歳の女の子

いつも返事がそっけないのに、性教育をはじめたら、「ママ世界一大好き！産んでくれてありがとう」と泣きながら言ってくれて、今までにない感動をもらいました。

12歳の男の子

ある日「お母さん、性教育を教えてくれてありがとう。本とか全部取っておいて欲しいんだ。将来子どもが生まれたら、僕がきちんと子どもに話してあげたいから」と言われました。頼れる一人の男として、成長を感じずにはいられませんでした！

などなど、うれしい報告をたくさんいただきます。

幼児期からの性教育を通して、ほっこりしたり、ぐっとくる感動をもらったり

しながら、親子で笑顔になってくださいね。

4 思春期では手遅れ

「性教育適齢期は3歳から10歳か、一理あるな」と思いながらも、「やっぱり思春期になってから話した方が手っ取り早いんじゃない？」と思うお母さんもいることでしょう。

でもね、ちょっと思い出してみてください。

自分の思春期、例えば中学生の頃って一体どんな毎日でしたか？　友達と過ごすのが楽しかったり、部活に明け暮れるのもまた楽しかったりと、忙しい毎日だったと思います。リビングでゆっくりと親と話をする時間なんてなかったですよね。

今の子ども達はというと、もっと忙しい毎日を送っています。平日も週末も、夏休みも塾に行く子も多いでしょう。習い事は多様化しています。親と過ごす時

間はお母さん達が思春期の頃に比べ、10倍少ないと思ったほうがいいかもしれません。

さらに、気持ちの面では、少しずつ親を〝ウザい〟と思ってくるのもこの時期の特徴です。この感情は、親離れをしながら自立していく真っ最中で、心が成長している証拠です。ですが、それと同時に親の言葉に耳を傾けなくなるため、お母さんとしては子どもとの接し方に悩むことになるでしょう。

こんな思春期になって初めて、「セックスってね」「コンドームってわかる?」と話したとしても、残念ながら「何この人、キモッ!」と思われるのがオチ……。

もう子どもに親からの性教育を受け入れる体勢はないのです!

お母さんは自分を奮い立たせて、「あなたを守りたい」という話をしているのにそっぽを向かれるのですから、母の心子知らず……心はボキボキに折れてしまいますよね。

そうならないために、思春期を迎える前に性教育を行いましょう。幼いうちから性教育を行うことで、親子の信頼関係が固く強いものになります。この信頼関

係は子育て全般にプラスに働きます。信頼関係があれば、お母さんは、子どもを安心して見守っていくことができます。子どもはさまざまな壁を乗り越えていかなければいけませんが、信頼関係さえあれば、困った時に親をちゃんと頼ってくれるようになります。もしかしたら「好きな人ができた！」なんて嬉しい報告もしてくれるかもしれませんね。

5 男の子にこそ性教育を

「男に性教育なんぞ、いらん！」

実はこの考え方は、いまだに（特にお父さん側に！）根強く残っています。「教えなくても自然に知る」という意見はまだマシな方。「男子たる者、ＡＶを見て覚えればいい。ほっとけ！」というとんでもなく乱暴な意見もたびたび聞かれます。

男の子を放っておくと、子ども達は勝手に降ってくる性の情報を教科書にして

価値観をつくっていきます。「巨根」崇拝だったり、あってはならないレイプまがいのセックスだったり。それが良いことなのか悪いことなのか、普通のことなのか普通ではないのか、それは誰も教えてくれません。

だから、**男の子にこそ一歩踏み込んだ性教育が必要**なのです。

おちんちんは自己肯定感の塊

男の子の悩みベスト3に挙げられるのが、「おちんちんの大きさ」です。実は悩んでいる子どもはものすごく多いんです。

5歳くらいになると「僕、おちんちんが小さいことが心配なんだ」とお母さんに泣きついたり、小学校に入学すると、「今日、6年生のお兄ちゃんから、お前のちんちん小せえなって言われた」と傷ついた表情を見せたり。こうしたことはよく聞かれる話です。

三世代暮らしや銭湯通いが一般的だった頃、男の子達は、おじいちゃん世代、

お父さん世代、お兄さん世代、それぞれのおちんちんを見る機会が頻繁にありました。ですが今はその機会はほとんどありません。それなのに、ＡＶやインターネットからは「おちんちんは大きい方がいい！」という情報が流れてくるのです。お母さんからすればヘンテコな悩みに思えるかもしれませんが、男の子は真剣におちんちんの大きさで悩む生き物なのです。

性は、生きていくための土台になるものです。男の子にとって**おちんちんは、〝自己肯定感の塊〟**と言えます。ここにコンプレックスを持ってしまうと、自己肯定感を高めるのは、実はなかなか難しいのです……。

だから、男の子には性教育を通して、**「おちんちんはあなたの大切な場所だから、誰かと比べる必要なんてない」「あなたのおちんちん、かっこいいね！」**と褒めてあげて欲しいのです（決して〝大きいね〟と褒めてはいけません！）。

そして、「男の子は成長して男性ホルモンが優位に働くようになると、体つきががっしりしてきたり、胸板が厚くなってきたりするんだよ。おちんちんもお兄ちゃんのおちんちんになっていくよ」と教えてあげてください。

身長160センチのお兄ちゃんと身長110センチの自分は、「同じ大きさのちんちんじゃなくていいんだ」と子どもが気付くだけで、不安は消え去り、自己肯定感は守られます。

私は泌尿器科に勤めていたため、これまで何千本ものおちんちんを見てきましたが、十人十色ならぬ、十本十色！ 大きさ、形、色、本当にバラエティーに富んでいて、どれ一つとして同じものはありませんでした。ちなみに、医学的には、勃起して小指の長さ、つまり5センチもあれば赤ちゃんをつくることはできると言われています。だから、おちんちんの大きさ判定なんてナンセンス！ なんですよ。

マスターベーションは親子でマスター

男の子の性教育では、マスターベーションのことも外せません。

思春期を迎えた男の子は射精を通して、具体的に性欲を意識します。精通を経

験した瞬間から大人と同じ機能を持つようになり、性欲もそこから10代後半に向けてピークを迎えます。けれど、その衝動を口に出せるはずはありません。

一方、お母さんだって同じでしょう。かわいかった息子がいよいよ大人になろうとしている。どう接したらいいのかわからない……不安がたくさん出てくるはずです。

「精通が起きると、精液というのが出るようになるんだよ」「精液が出るって大人になる証だよ」にはじまり、「マスターベーションをすることはおかしいことではないよ」「毎日してもいいよ、ただ、片づけ方は知っておこうね」と、子どもと一緒に小さな頃からマスターベーションに向き合っていきましょう。さらに、「マスターベーションは人に見せるものではないよ」といった話もしっかりしていきましょう。

今時の子ども達は、マスターベーションに罪悪感を覚える子が多いという報告があります。でも、マスターベーションは射精の練習であり、将来子どもをつくるための準備でもあります。日常的にするのが当たり前な、健全なことなのです。

お母さん、どんと構えていてあげてくださいね！

生理は隠す必要ナシ

「私、生理中は絶対、息子と一緒にお風呂に入らないんです」と言うお母さんがいます。

しかし私は、**経血を見せてあげるのも大事な性教育**だと考えています。

「ママの中には赤ちゃんの卵、命の卵が入っているんだよ。でも、赤ちゃんにならないと、こうやって血になって体から出ていくんだ」

こんなふうに愛情を持って、きちんと伝えてみてください。子どもは思っている以上に素直に受け取ってくれるものです。

生理をひた隠しにしていると、出先でこんな悲劇が……!
男の子の「生理ネタ」あるあるです

6 ひとっとびには話せない

徐々に、「子どもに性教育をしたい！」という気持ちが高まってきたのではないでしょうか？「セックスという言葉と意味は、母である私から伝えたい！」と意気込むお母さんもいらっしゃるでしょう。

これは嬉しいことですが、性教育は一歩一歩階段を上っていくことが鉄則です。階段を早足で駆け上がると、子ども達に与えてあげられない知識が出てきてしまうためです。

お母さんの一番の悩みであり目標でもある「子どもとセックスの話をする」ことを達成してもらうために、まずは「三つのルール」を守って基盤をしっかり固めるところからはじめましょう！

ルール1 「性＝恥ずかしいもの」という概念を取っ払う

すでにお話しした通り、大人は「性」という言葉で性産業をイメージしてしまいます。そのため、「性教育をするなんて恥ずかしい」と思いがち。でも、恥ずかしいのは大人だけ。子どもが性に求めるものは「命の誕生」「愛情」「身を守る」、この3つです。さぁ、今すぐその「恥」を捨てましょう！

ルール2　性器の名前を元気に発する

性器の名前を口にしなければ、性の話は何一つできません。案外、「ペニス」や「おちんちん」と言えないお母さんは多いものです。ペニスが言えないのに、「ペニスを膣に入れる」とは言えませんよね。

ルール3　生理・精通を理解する

大人になっても生理、精通が何なのか、体の中でどんなことが起きているのか、

説明できない人は少なくありません。生理・精通の説明抜きに、子どもに命のスタートの話をしても伝わりません。詳しくはＰＡＲＴ５でお話しします。

性は命のバトンをつなぐ科学です。だから明るく楽しく話すことをおすすめします。

子どもが大好きな歌を替え歌にして一緒に歌ってみるのもいいでしょう。

「ちんちんはね、ペニスっていうんだホントはね、だけど恥ずかしいから自分のことちんちんって言うんだよ、かっこいいね、ちんちん♪」

といった具合です。かわいいでしょう？　きっとお子さんも喜んでくれますよ。

お母さんは性のキーワードを言いやすくなるし、子どもはお母さんと一緒に過ごす明るく楽しい時間を通して、性をどんどんプラスなものとして受け入れてくれるでしょう。

PART

3

その質問は突然に、しかも案外早く！

1 なんで赤ちゃんってできるの?

「ねぇ、ママ? なんで赤ちゃんってできるの?」

お母さん、ある日突然、子どもにこんな質問をされたら、答えられますか?

この命のスタートに関する質問を、実に80%の子ども達が5歳までに親に尋ねてくると先述しました。

この質問を受けると、多くのお母さんが「うちの子は早熟なのでは?」「愛情が足りていないからそんなこと言うの?」「私の子育てってうまくいってないの?」と考え込んでしまいますが、まったくそんなことはありません!

子どもが、命のスタートに興味を持つことは自然なことです。それを親に尋ねるということは、それだけ信頼されている証拠。むしろ、子育てはとてもうまくいっていると自信を持ってください! これはとても嬉しいことなんですよ。

子どもが命のスタートに関心を持つのは、自分という存在に関心を持っている

のと同じことです。子どもは、自分の命のスタートを知ることで、生きていくための強い土台をつくろうとしているのです。

セックスがなければ、私たちはこの世に生まれてくることはなかったですし、目の前にいる子どももいません。だから親は命のスタートにタブーをつくるべきではないのです。命の話を、愛情を添えて伝えましょう。

もしそこにタブーをつくってしまったら、子どもの人生の土台は揺らいでしまいます。なぜなら、「性」は「人間としての軸」だからです。それが揺らぐと、自分を価値ある人間だと思えなかったり、寂しさから簡単に体を許してしまうような性行動に走ってしまうこともあるのです。

「なんで赤ちゃんってできるの?」の質問には、はぐらかさずに答えましょう。例え多少間違った回答であってもいいんです。質問に一生懸命答えてくれるその姿を見て、子ども達は「受け入れてもらえた!」と感じ、満たされていきます。そんなお母さんの愛情と真剣さが子ども達の生きる土台をより頑丈にし、さらには何でも相談できる親子関係を築く第一歩になるでしょう。

2 オモシロ&NG回答集

突然訪れる「なんで赤ちゃんってできるの？」の質問に備えるため、まずはお母さん達が言いがちなオモシロ&NG回答をご紹介します！

1 コウノトリが運んできた

2 キャベツ畑からやってきた

3 川から拾ってきた

その他には、「橋の下で拾ってきた」「宅急便で届いた」という回答も多いようです（笑）。「ガチャガチャから出てきた」と答えたお母さんは、「ガチャガチャを見る度に子どもが『赤ちゃんいないかな』と言うようになって失敗だった」と苦笑いをしていました。

オモシロ回答であっても、お母さん達が果敢にチャレンジしたことはすばらし

これは「はぐらかさない」の履き違え（笑）！

いことです！　拍手を送ります！

4　そんなこと知らなくていい

これはとても多い反応の1つです。他にも、「黙る」「否定する」「逃げる」という反応も多いですね。何も覚悟をしていない時に聞かれると、ドキッとするものですし、答えられないのも仕方ありません。

でも、突っぱねたり否定したりするのはNGです！　親子の間で**「性の話はタブー」**という大きな溝を作ることになってしまいます。

3　ドキッ！　そんな時は「魔法の言葉」

「なんで赤ちゃんてできるの？」に留まらず、子どもはいろんな疑問をぶつけてくるものです。「クリトリスって何？」「童貞って何？」と聞かれるのも珍しいこ

とではありません。私自身も、こんな恥ずかしい体験が……。

私が小学生の頃、当時流行っていた「マンピーのGスポット」の意味がわからず、中学生の兄に質問をしました。兄は顔を真っ赤にして、黙って去っていきました。

しまった……！　聞く相手を間違えた!!

兄の顔色一つで〝その手〟の話だと一瞬にして察知し、その後しばらく気まずい思いをしたものです（笑）。

これと同じで、子どもは意味を知らないから質問するのです。だから、「おっと、レベルが高いな……」と大人が思ってしまうような言葉が飛んできてもおかしくありません。

実は、そんな時にこそ役に立つ**「魔法の言葉」**があるのです。

それが……

「いい質問だね！」

ドキッとしたら、一度深呼吸をして、こう答えましょう。

なぜこれが魔法の言葉なのか？　理由は3つあります。

1つ目は、「お母さんのドキッとした表情を隠せる」ため。

2つ目は「子ども達に受け入れてもらったと感じてもらう」ため。

そして3つ目は「なんでそう思ったか、そこにフォーカスできる」ためです。

例えば、幼稚園から帰ってくるなり、「なんで赤ちゃんってできるの？」と聞いてきたら、実は、お友達に妹が生まれたから嬉しくなって聞いてきたのかもしれません。「赤ちゃんってどこから生まれてくるの？」という質問なら、帝王切開のことを「お腹を切った」と聞き、こわいようなイメージを持ったのかもしれません。また、「童貞って何？」と聞いてきたら、隠れてインターネットで画像や動画を見たのかもしれません。「ぼくのちんちん、大きくなる？」と聞かれたら、誰かに嫌なことを言われたのかもしれないし、もしかしたら誰かにいたずらをされたのかもしれません。

「いい質問だね、なんで知りたいと思ったの？」と導くことで、子どもの「なん

本当に不意打ちなんです。あなたも今夜、聞かれるかもしれませんよ!

で？」の裏側にある理由に初めてアプローチできます。「なんで？」がわかれば、子どもの求めることを答えてあげたり、間違っていることを教えてあげたり、必要な対処ができますよね。

もし答えられない質問でも大丈夫。「ママ調べておくから、後で答えるね」とつけ加えましょう。ただし！　子どもの興味関心は次々と移っていくため、お母さんが回答の準備をした時には、質問したのを忘れていることも多かったりするものです（笑）。でも、「どうせ忘れるからいっか！」ではなく、「この前、こういうこと言ってたよね？」と回答を伝えてあげましょうね！

4 「一度きりルール」を心得よ

なぜ魔法の言葉が大事なのでしょう？

実は、性の話には「一度きりルール」というものが存在するからです。

子どもはとても敏感です。親の戸惑う表情を見逃しません。子どもの頃、親と一緒にテレビを見ている時に、「あぁ〜〜ん♡」なんてシーンがはじまって、家の中が北極のように凍りついた経験、ありませんか？　金縛りにあったがごとく動けないあの感じ……（笑）。「私も知らんぷりしなくちゃ」「親にとって嫌なことなんだな」「これは聞いてはいけないことなんだ」と察した経験が誰しも一度はあると思います。先ほど書いた「マンピーのGスポット事件」もしかり。私は兄の表情一つで、二度と兄に性の話は聞かない！　と決意したことを覚えています。

これと同じで、性に関する質問をした時に親がドキッとして黙り込んだり、アタフタしたりすれば、「これは質問してはいけないんだ」と子どもは思ってしまうのです。

また、「そんなこと聞かなくていい」と拒否されれば、このままでは親から嫌われる、怒られると思い、口も心も閉ざします。そして、そんな風に感じた子ども達は二度と性のことを親に聞かなくなります。いえ、「聞けなく」なってしまうのです。性は人間の根幹となるものなので、他の話題に比べ、親が発する拒否感も、受け入れられないショックも大きいからです。

親に頼れなくなった子どもが頼る先は……ご存知、「インターネット先生」です！　その結果どうなるか？　もうおわかりですよね。

5 のじま流模範解答

では、私自身が「なんで赤ちゃんってできるの？」にどう答えているか、お話ししていきますね。

【質問1】　赤ちゃんはどこから生まれるの？

まずは「赤ちゃんって、男の人と女の人、どっちが産むと思う？」と聞いてみます。子どもは「男の人！」「両方」と答えたりします。「女の人」と答えたら、「そう、女の人だね。よく知っていたね」と褒めてあげましょう。

――「女の人の性器には3つの穴があるんだよ。おしっこの穴、赤ちゃんを産む穴、うんちの穴、この3つだよ。赤ちゃんを産む穴は、膣といってね、女の子と女の人にしかないんだよ。ここから、赤ちゃんが出てくるんだね」

【質問2】 赤ちゃんて、どうやってできるの？

この質問には、「どうやってできると思う？」とぜひ聞き返してみてください。子どものかわいい珍回答がいっぱい聞けますよ！「そうか、そうか」と聞いているうちに、「かわいいな、まだこんなもんなんだな」と思えれば、お母さんの気持ちも落ち着いていきます。一呼吸置いてから、話し始めましょう。

――「赤ちゃんはね、男の人のおちんちんが、女の人の膣に入ってできるんだよ。男の人のおちんちんにある精子と女の人の中にある卵子がくっついて、赤ちゃんになるんだよ」

「おちんちんを膣に入れて……」という話は、子どもにとって理解しづらいことですが、ぼかさずにしっかり説明するのが一番いいと思います。

……といっても、子どもは3カ月もすればその内容を忘れてしまいます（笑）。話し方を変えて、何度も伝えてあげましょう。

例えば「どうしておちんちんは固くなると思う？　精子は空気に触れると死んでしまうから、卵子にうんと近いところまで行けるように、おちんちんが固くなって、膣に入りやすくするんだよ」といった具合です。

PART 4

いざ性教育！まぁまぁ焦らずその前に……

1 果敢に挑めよ！　お母さん！
～年齢別の反応と対応～

「よし、性教育をしよう！」と決心したとき、お母さんの心に小さな不安が顔を出します。それは、「うちの子、どんな反応するんだろう？」「反応がこわい」というものです。「頑張って伝えても、気持ち悪い！　なんて思われたらどうしよう」「拒否されてしまったら……」親であっても、我が子に拒否されるのはこわいものですよね。そんな不安も、これを知っていれば大丈夫！

性の話をした時の、子どもの年齢別の反応とお母さんがとるべき対応をご紹介しますね。

3歳から6歳――「感動期」

「キャー♡」「もっと教えて！」と、ワクワクドキドキする気持ちをまっすぐに

表現し、一番かわいらしい反応をしてくれるのがこの時期です。命の教育をすると「生んでくれてありがとう」「ママ、世界で一番だーいすき♡」なんて言葉で伝えてくれることがあります。お母さんは、子どもたちから幸せをたくさんもらえるので、めいっぱい楽しみながら性教育をしましょう。子育てのやりがいも大きくなりますよ。

7歳から9歳――「無反応期」

それまでとは打って変わって、「ふーん」という薄い反応しか示しません。伝え方が悪いわけではなく、色んなものに興味がわき、一つの事に集中できない時期なのです。

例えばセックスの話をしたとき、お母さんは「やっとハードルを乗り越えた！」と感動の余韻に浸りたいかもしれませんが、子どもはすぐにテレビを点けたり、ゲームのスイッチを入れたり、冷凍庫にアイスを取りに行ったり……（笑）。

この時期は気分が乗れば、耳を傾けます。焦らず、気長に、子どもと向き合いましょう。また、「もっと知りたい！」と思っても、質問をためらってしまう時期でもあるので、小さな反応も見逃さないようにしたいものです。

10歳以降――「キモ、ウザ期」

親からその手の話をされるのは、「キモ、ウザ」。ついに、拒絶するようになります。

ですが、「キモい」「ウザい」は11歳くらいの子どもたちがよく使う「はいわかりました」の返事です。お母さんがひるむ必要は全くありません！ 「はい」「了解です」と返事をしているのだと思い、性教育を〝手短に〟少しずつ続けましょう。

〝手短に〟がポイントです。子どもの理解も早いので、あれやこれやと話したくなるかもしれませんが、心は親からの自立を望む時期。大事だとわかっていて

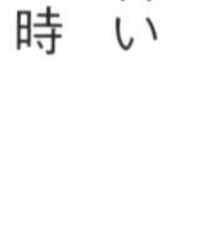

これさえ知っていれば、あとは一歩一歩進むのみ！

も、くどい話は子ども達にとって喜ばしいものではありません。
「あなたを大事に思っているんだよ」というお母さんの真剣な思いはしっかり感じとってくれますので、〝手短に〟をお忘れなく！

完全なる思春期――「ノーサンキュー期」

子どもにもお母さんにも抵抗感が出る時期です。どうにかこうにかお母さんが頑張っても、「そんな話はノーサンキュー」オーラとともにあしらいます。そうなると、お母さんはヒマラヤ山脈よりも高い壁を感じることでしょう！「うんこ、ちんちん、おっぱい！」と叫んでいたあの頃が懐かしくなるはずです。

子どもたちは、親から拒否されたと思う経験をすると、それ以上進めなくなりますが、お母さんも同じこと。子ども達から拒否されれば、前には進めません。やっぱり、3歳から10歳の性教育適齢期を逃す手はありませんよね！

2 3つの最重要ワードを克服せよ！

では、そろそろ準備運動をはじめましょう。

さっそくですが……リピート・アフター・ミー♪


ペニス！

膣！

セックス!!


あなたはこの言葉を口に出して言う事ができましたか？

「三つのルール」でお話しした通り、性教育に性器の名前は欠かせません。まずはこの3語をしっかりと言葉にすることからはじめましょう。

もし言葉にできないのなら、原因は恥ずかしさ。この恥ずかしさを吹っ飛ばす

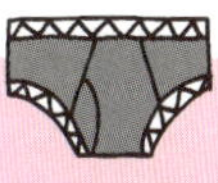

には、「慣れ」が一番の近道です。いますぐ30回、唱えてみてください！　掃除機をかけながら繰り返してみてもいいし、お茶碗を洗いながら、洗濯物を干しながら、ブツブツ唱えてもいいでしょう。寝る前の習慣にするのもおすすめです。

1週間も続ければ恥ずかしさはほぼなくなります。1カ月経てば、〝ペニスと膣〟が〝おたまとしゃもじ〟くらいの感覚になりますよ（笑）。

我が家では、お風呂で娘たちに「尿道口、膣、肛門の順番で洗ってごらん」と声掛けしています。「膣」という言葉にお互いに慣れ、女の人には穴が3つあって　それぞれ異なるものなのだと気付いてもらうためです。

なぜこんなに練習をしてまで言えるようになって欲しいのでしょう？

それは「セックス」のことを話して初めて、「あなたはこんなに愛されて生まれてきたんだよ」「命って大切だね」「性犯罪の被害者にも加害者にもなって欲しくないな」「妊娠てね……」「中絶ってね……」と、あらゆる話ができるようになるからです。**我が子を愛しく思う気持ち、守りたいと思う気持ちは、「セックス」という言葉を超えて、やっと伝えることができるものなのです。**

大丈夫。子ども達はお母さんの言葉なら何でも素直に受け入れてくれますよ！3語のうち「ペニス」は「おちんちん」や「ちんちん」と呼んでもいいでしょう。お母さんとお子さん、ふたりにとって使いやすい単語を選んでくださいね。

基本の3語をマスターしたら、次は、女性器にあだ名をつけてみましょう。「お股」で代用しがちですが、お股は男女にあるので性教育をするときには適しません。

おヒメちゃん、まんまん、まんちゃん……せっかくなのでかわいいあだ名をつけてあげましょう。方言を使うのもオススメです。私が育った長崎県では、「ぼんじょ」と言っていました。他の地域にも、おめこ、まんじゅなどいろいろありますので、気に入るものがあるかもしれません。

もちろん、「まんこ」と呼ぶことにも賛成です。「まんこ」はHな本やAVでよく使われることもあり、恥ずかしいイメージを持っている人も多いでしょう。ですが、実はそれは誤解なんです。子どもの死亡率が高かったその昔、子どもは幸せの象徴とされていました。そのため、女性器に「万人の子を産みますように」

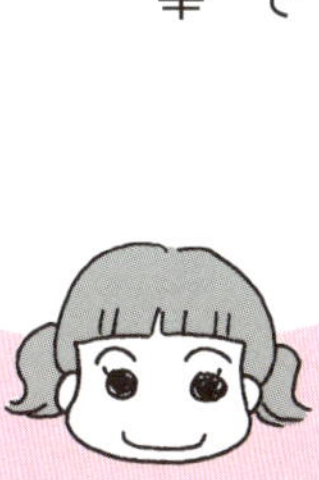

という願いをこめて「まんこ」という名前がついたと言われています。命を生み出す尊いもの、神聖なものという思いのこもった名前、ステキですよね。

3 昆虫や動物を活用して、性教育の壁を突破せよ！

セックスという単語は言えるようになっても、説明することに壁を感じるお母さんは少なくありません。そんな方にまず実践して欲しいのが、昆虫や動物の話の中に、性教育を入れ込んでいくことです。子どもは昆虫や動物が大好きですし、命のバトンをつないでいるのは人間も動物も、昆虫も同じこと。なので、立派な性教育につなげていくことができるんですよ！　いくつか例を紹介しましょう。

大きく生まれるゾウの赤ちゃん

——ゾウさんの体ってとっても大きいよね。ゾウさんの赤ちゃんも、お父さ

んゾウやお母さんゾウと同じように大きな体で生まれてくるんだよ。

大きく育ってから生まれてくるのはどうしてだと思う？　それはね、生まれてすぐに自分の足で立って、厳しい自然の世界を生きていくためなの。自然の世界では、弱い動物は他の肉食動物に襲われて食べられてしまうんだよ。

お母さんゾウは、自分の大切な赤ちゃんが襲われてしまうなんてイヤだよね。だから、赤ちゃんが自分で自分のことを守れるように、お腹の中でできるだけ大きく育ててから産むんだよ。お父さんゾウとお母さんゾウが交尾をして、受精をすると、お母さんゾウはなんと、2年もの間お腹の中で赤ちゃんを育てるんだって！　すごいよね。じゃあ、○○君はどのくらいの間お母さんのお腹の中にいたと思う？　9カ月くらい、あなたもママのお腹の中にいたんだよ！　元気に生まれてきて、元気に大きくなってくれて、ありがとうね。

性別が変わるカクレクマノミ

――カクレクマノミさんってすごいお魚なんだよ。クマノミさんは、小さな頃はオスでもメスでもないんだよ。不思議だね。でも成長すると、子どもをたくさん残すために、仲間の中で一番体の大きなクマノミさんだけがメスになって、次に大きいクマノミさんがオスになるんだよ！　他のクマノミさんはメスにもオスにもならないんだよ。例えばメスがもし死んでしまった時は、次に体の大きなクマノミさんが赤ちゃんを産むためにメスに変身するんだ。人間にもね、大人になるにつれてなんだか性別が違うなって感じる人もたくさんいるし、女の人同士、男の人同士で愛し合う人もいるんだよ。誰かを好きになる気持ちって素敵だよね。あなたがもし同性の人を好きになったり、違う性別になりたいと思っても、あなたらしく生きていけることが、ママは嬉しい。それを覚えておいてね。

牛乳をくれる牛

――牛乳は牛さんのおっぱいだね。どんな牛さんから出たか知っている？

オスだと思う？　メスだと思う？　あなたは赤ちゃんの時、ママのおっぱいを飲んで大きくなったよね。じゃあ、おっぱいが出るということは……そう！　牛乳をくれる牛さんも、メスだよね。

ライオン、パンダ、カブトムシ、トンボ……生き物それぞれ、命の誕生にはドラマがあります。子どもの好きな動物や昆虫の命の誕生やオモシロ生態を調べて、ぜひお話ししてあげましょう。

4 絵本もマンガも最強アイテム

性教育の準備を進めたり、伝えたいことがある時、お母さんを助けてくれるアイテムがあります。それが、絵本です。

お母さんの多くは、性教育をすることにはじめは躊躇したように、絵本を見せることもやはり躊躇してしまいます。「本当に見せていいんですか？」「卑猥な子

になりませんか？」「興味本位で性行動をするようになりませんか？」と考えてしまうからです。絵のインパクトが、なおさらそう思わせるのかもしれません。

ですが、性教育の専門家たちが子どものことを思い、考えに考えてつくった絵本です。見せてはいけないものなど一冊もありません！

性教育の絵本は、ぜひ読み聞かせをしましょう。読み聞かせるとなれば、当然、性器を表す単語を読み上げることがあるし、裸で男女が抱き合っている絵を一緒に見ることもあります。でも、ここで恥ずかしさを感じるのはお母さんだけ。子どもは素直に聞いて、何度も読んで！　とせがむでしょう。

そして、絵本を読むより大事なのは、その後に語り合いを織り交ぜること。「あなたもこうやって生まれてきたんだよ、生まれてきてくれてありがとう」「あなたのおちんちんのここにも命の種が入っているんだね。大事にしようね」「女の子に優しくできる男の子ってかっこいいな。あなたも思いやりのある男の子になってね」と、お母さんの思いを絵本に乗せて伝えてください。

小学3、4年生になったら、性教育のマンガ本もおすすめです。最近の子ども

は活字離れをしています。いざ、本を渡されても読めない子どももいます。マンガなら読みやすいし、親も渡しやすいですよね。

ただし、絵本もマンガも、注意しなければいけないことがあります。それは**〝渡しっぱなし〟にしないこと。**渡しただけでは、〝Hな本を渡すのと同じ〟行為です。親が思っているほど、子どもは、中身を読みません。マスターベーションのページだけを延々読んでいる……なんてことも起こります（笑）。

また、親が前もって読んでおくことも必要です。まず、その本にどんな情報があるのかを知っておきましょう。その上で、その本に自分のどんな思いや価値観を乗せるのか、そこから何を子どもに受け取って欲しいのかをしっかりと考えておきましょう。

そして、子どもからの質問に答える準備をしておくことも欠かせません。本をきっかけに子どもは「ママが一番最初に好きになった人って誰？」「はじめてセックスをしたのはいつ？」「ママはパパ以外の人を好きになったことあるの？」などいろんな質問をぶつけてきます。もちろん、すべてに答える必要はありません。

「それはママの水着ゾーンだから教えないよ」と、ボーダーラインを定めておくといいでしょう。

5 性教育は男の子も女の子も一網打尽に！

男女の兄弟を持つお母さんから、「やっぱり男の子と女の子は、分けて性教育をすべきですよね？」そんな質問をよく受けます。「弟に、お姉ちゃんの生理の話を聞かせてもいいの？」「おちんちんの話をしているときに、妹が聞いていてもいいの？」といった心配があるのでしょう。私はその質問に対して毎回同じ答えを返します。

「じゃあ、どうして聞かせてはいけないと思うのですか？」

命の誕生としての性、愛情としての性、身を守るための性、どれをとっても男性・女性それぞれの体の特徴や生理現象を知らなければ、正しい知識や理解は得られません。男女一緒に学んで正しく理解するから、友達を、将来のパートナー

を思いやる気持ちが育つのです。それに、もし男女を分けたとしたら、その秘密の雰囲気が恥ずかしさや照れくささをつくってしまい、子どもは敏感にその雰囲気を感じ取り、素直に話を聞かなくなってしまうでしょう。学校で保健の授業を受けた時のことを思い出してみてください。女子だけ集められて生理の授業を受けた後、男の子も、女の子も、どちらも何となく気恥ずかしくありませんでしたか（笑）？

例えば、お兄ちゃんと一緒におちんちんの話を聞いた妹は、男の子の体のことを学びます。「男の子にとっておちんちんって、命の種がある大切な場所なんだな」と知ります。おちんちんにボールが当たって痛がるお兄ちゃんを笑うことはなくなるし、学校でおちんちんを蹴りあう男の子を見たら、しっかり注意するかもしれません。

お姉ちゃんと生理の話をしているのを弟が聞いたら、「お姉ちゃんにやさしくしよう。お友達にもだんだんに起きるってことだな。からかったりしたら悲しむんだな」と感じたりします。一緒にひとつの話を聞くことにまったく問題はない

のです。

年齢が上がると、男女の兄弟一緒に話す意味はより大きくなります。例えば、どうして男性はムラムラするのかという話をするとしましょう。ふたりに「ムラムラしてセックスしたいと思ったらどうする？ 興奮を抑えられない男の子にセックスしたいと言われたらどうする？」と尋ねてみましょう。それぞれがそれぞれの性の本音や心配事を話してくれるはずです。

「コンドームをつけたくないと言われることもあるかもしれないよね。でも、それって本当にいいこと？」「コンドームをつけないで悲しい思いをするのは女の子だよね」「愛しているからコンドームをつけないでと言う男ってどう？」

親子兄弟だからこそ、会話は弾み、より現実に近い話ができるはずです。

アダルトビデオについてもぜひ男女の兄弟一緒に話してください。「男の子も女の子もAVを信じているけど、あれは男性のための〝ファンタジー〟だからね。すべてがかなり誇張されてるんだよ！」としっかりと教えてください。そしてそれぞれのセックスへの思い込みをなくしてあげましょう。

AVの呪縛から男の子も女の子も解放せよ!

「女の子が求めるセックスってどんなだと思う？　ＡＶにあるような暴力的なセックスなんて女の子は大嫌いだよ。男の子は、〝嫌よ嫌よは好きのうち〟なんて思っちゃだめ！」「女性ってイクってよく言うけど、ＡＶは演技だからね。イクという感覚のある女性は２割もいないって言われているんだから、女の子は自分が不感症だなんて悩む必要ないんだよ。男の子もそう。テクニックなんて関係ないからね」

そんなところまで話せるかな!?　と思うお母さんもいるでしょう。でも将来、子どもが愛するパートナーと揺るがない信頼関係を築くために必要な情報だと私は思います。

それに心配はいりません。小さな頃から、お母さんから命の性、愛の性、防犯の性を学んできた兄弟姉妹ですよね。きっと真剣に受け止め、考えてくれるはずです。

6 お父さんには期待するべからず

私は、家庭での性教育は、お母さんが取り組むべきだと考えます。この本もお母さんに向けて書いています。お母さんならではのメリットがあるのはもちろんですが、性教育をお父さんに期待するのは、まったくもってムダ！　だからです！

家庭で性教育を受けたことがあるお母さんは、とても限られています。「コンドームをつけなさい」と親から言われた経験がある人もほんの一握り。命の性教育や愛の性教育、防犯の性教育まで受けてきたというお母さんはほぼいないに等しいのです。これまで私は4000人のお母さんに性教育の手ほどきをしてきましたが、親からきちんと性の話を受けたことがあると答えたのはたったの4人だけでした。0.1％です。お母さん達にとって性教育の壁が高いのは確かなことです。

一方お父さんはというと、お母さん以上に性教育を受けてきていません。

今のお父さんたちは、**「放っておけばいい。いずれ知る」「そんなの心配する必要がない」「AVで習うだろう」**と言われてきた世代です。おちんちんの正しいむき方も知りません。なので、たとえ内心ではすごく子どもを心配していても、口では「俺は大丈夫だったから放っておけばいい」としか言えないのです。そもそも、子ども達と接する時間も圧倒的に少ないお父さんに性の話をしてもらうのは、ちょっと酷なことだと私は思います。

我が家でも、性教育に夫を巻き込むことはしませんでした。ですが娘たちへの性教育を続けて10年経った今では、ニュースから流れる性犯罪の話をしても、ドラマの胸キュンなラブシーンで娘と盛り上がっていても、生理の話をしていても、夫は嫌な顔ひとつしません。お父さんはそれくらいの関わり方をしてもらうだけでも充分かな、と思うのです。「参加してくれたらラッキー」くらいに構えてあげてくださいね！

PART

5

実践！　性教育

1 「水着ゾーン」を制する者は性教育を制す

性教育を進める中で「体にはプライベートな大切な場所がある」ことを子どもに伝える、というお話をすでに何度かしました。「これって結構大切なことなのね」とお気づきのお母さんも多いでしょう。

はい、その通りです！　「体には人に見せても、触らせてもいけない自分だけの大切な場所がある」という捉え方は、命の性教育、愛の性教育、防犯の性教育、どれをする時にも役立ちます。特に防犯の性教育をする時には欠かせないワードです。

では早速、詳しくお話ししていきましょう。

大人にとってはわかりやすい「プライベート」という言葉は、子どもにとってはわかりにくい言葉です。

そこでお母さんたちに実際に使って欲しいのが**「水着ゾーン」**という言葉です。

【水着ゾーンの定義】

・他人に見せても触らせてもいけない、自分だけの大事な場所。
・「口」と「水着を着て隠れる場所」を指す。
・男の子も女の子も、口、胸、性器、おしり。

【水着ゾーンの鉄則1】自分にとって大切な場所だと徹底して教える

子どもにはまず、次の2つのことを教えてください。

・**水着ゾーンは他人に見せても触らせてもいけない、自分だけの大切な場所。**だから、あなたの水着ゾーンを見たがったり、触りたがったりする人は危険な人。大声を出して逃げなければいけない。

・自分だけの大切な場所である**水着ゾーンを無理やり見せたり、触らせようとしたりする人は危険な人。**大声を出して逃げなければいけない。

子どもは「基準」がわからないため、自分の身が危険にさらされていることに気が付きません。水着ゾーンを使って、身を守る基準を教えましょう。

大声を出す意味は周囲に危険を知らせるだけではありません。さまざまな研究から「性犯罪者は意志が弱い子を狙う」ことがわかっています。だから大きな声を出したり、はっきり「ノー」と断ることが大切なのです。

そして、もうひとつ教えるべきことがあります。

・**危険な人に会ってしまったら、親や先生など大人に伝える。**

犯罪が起きてからでは遅い。だから未遂のうちに大人が把握しなければいけません。お母さんは、「こわかったね、話してくれてありがとう」と抱きしめてあ

これが水着ゾーン

他人に見せても
触らせてもいけない
自分だけの大切な場所

げましょう。

そして改めて「水着ゾーンを触ったり、触らせたりしてはいけないよね」と伝え、より高い危機意識を持たせてあげましょう。

また、「未遂だから通報は……」とためらってはいけません。親は危険な人がいたことを警察や学校に相談しましょう。ある場所で一度起きると、近いうちに同じような場所で犯罪が起きるということが最近の研究でわかっています。情報を把握した警察は、しっかりと警戒をしてくれるはずです。

【水着ゾーンの鉄則2】　友達にとって大切な場所だと徹底して教える

水着ゾーンが他人に見せても触らせてもいけない、自分だけの大切な場所であることは友達にとっても同じことです。友達の水着ゾーンを触るのはいけないことだということも教えましょう。

「今日ね、○○ちゃんと△△ちゃんがチューしてたんだよ」と、子どもから聞く

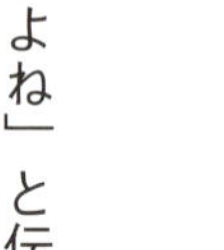

ことがあります。3、4歳の子どもが幼稚園や保育園などでチューをしているというのはよくあることで、「かわいらしいなぁ」と思っている大人もいますが、これ、痴漢と同じ行為だと思ってください！　この時点で友達の水着ゾーンである口に触れることがいけないという認識を持たせてあげるべきなのです。

4、5歳は「まだかわいいからいいか」と思えるかもしれません。7、8歳になったら、ちょっとドキッとするものです。9、10歳は？　「やめなさい！」と思わずお母さんは言ってしまうはずです。

子どもは「どうして急にダメになるの？」と疑問に思うでしょう。でも本当は、急にダメになったわけではないですよね？

水着ゾーンが友達にとって大切な場所だと教えれば、たくさんのことが説明できるようになります。

例えば男の子なら行き過ぎた遊びをやめさせることができます。「ふざけておちんちんを蹴るっていいこと？」「女の子のスカートはめくってよかったかな？」と子どもに考えさせてみましょう。そして「お友達の水着ゾーンを触ってはいけ

ないよね。だって、おちんちんは命の種が入っている場所だもんね」「スカートは女の子の大切な水着ゾーンだよ」と導いていきましょう。

子ども達は遊びのボーダーラインを知りません。水着ゾーンを使い、親がしっかり線を引いてあげましょう。

【水着ゾーンの鉄則3】　外で水着ゾーンに関わる話をしたり、見せたりしない

「人前で水着ゾーンの話をしたり、水着ゾーンを見せたりするのは、恥ずかしい行動」だということも教えましょう。「恥ずかしい」というのは、決して水着ゾーンが恥ずかしい場所という意味ではありません。おしりも性器も胸も口も、体の大切な一部です。体に恥ずかしい場所などありません。

ですが、「他人の水着ゾーンを見たり、水着ゾーンの話を見たり聞いたりすることを嫌だなと思う人がいる。それなのに、人の気持ちを考えずに見せたり話したりするのは思いやりに欠ける行動」という意味です。「だからしてはいけない

ことだ」と教えましょう。

男の子には特にこの話をしてあげてください。

男の子は注目を集めたい生き物です。例え、それが悲鳴や非難であっても彼らは気づきません！　ヒーローのように誰より注目を集めたいのです。下ネタワードを大声で発したり、おちんちんを出して喜んだりするのもこのヒーロー願望がむくむく顔を出してしまうから。

ご家庭では楽しんで下ネタワードを性教育につなげて語り合って欲しいのですが、その時は最後に一言、「この話は水着ゾーンの話だよね。外でしてもよかったかな？」と必ず釘を刺してあげてください。

外で水着ゾーンに関わる話をしたり、見せたりしないことは、子どもの身を守るためでもあります。「大切なところを見せているということは触ってもいいんだな」と思う悪い大人がいるからです。先ほどのキスの例を挙げると、子ども同士のキスを許してしまうと、もしその子が小児性愛者からキスをされても、本人

は「おかしいことだ」と気づきません。

また最近の女の子の服はデザイン性が高くてとてもオシャレですよね。襟ぐりが大きく開いていたり、スカートがとても短かったりします。「肌着が見えるなんて、ダサい」という考えで露出の高い服を着て外に出れば、胸を見せて歩いているのと同じこと。「水着ゾーンを見せてよかったかな？　悪い人から一番にターゲットにされてしまうかもよ！」そんな風に注意してあげてください。

女の子が無防備に着替えたり、スカートなのに足を広げて座ったりする場合にも、同じように声をかけてあげると、身を守ることにもつながるし、ちょっとした作法も身に付けさせてあげられますよ。

また、外で水着ゾーンに関わる話をしてはいけないと教えると、「性教育で知ったいろんな単語をいいふらすのでは」という心配をなくすこともできますよね。「水着ゾーンの話を聞いたら不快な気分になる人がいるよ。だから話をしたらダメだよ。水着ゾーンのことでわからないことがあったらママに聞いてね」と約束しましょう。

【水着ゾーンの鉄則4】 家族も水着ゾーンには触れない

「じゃあ、家族は子どもの水着ゾーンとどう付き合うべき？」と思うでしょう。

「子どもが4歳を過ぎたらお母さんも触らない」を基本にしましょう。

4歳になれば、トイレトレーニングは進みます。パンツの上げ下げを手伝う程度にし、性器は触らないようにしましょう。子どもは「大好きなお母さんも触らない場所なんだ」と知り、水着ゾーンが自分だけの大切な場所なんだという意識を高めていきます。

まだうんちの仕上げ拭きをしているご家庭は、「うんちなので、水着ゾーン失礼します」と断って拭きましょう。その時に「ほかの人がおしりを触ってきたらどうする？」と防犯の話につなげていってもいいかもしれませんね。

2 水着ゾーンはお風呂で解説

性教育に欠かせない「水着ゾーン」、いつから、どのように教えたらいいのでしょうか？

性教育のスタートにふさわしい3歳から、さっそくはじめましょう。3歳は、すでに性犯罪の対象にされてしまう年齢です。早すぎるということはありません。教えやすいのは、やはり裸になるお風呂の時間です。お母さんは説明しやすいし、子どもは目で見て理解できます。

また、お風呂のいいところは、子どもと落ち着いて話せる場所であることです。特に男の子だと、部屋の中ではずっと走り回っていて、お母さんの言うことをしっかり聞こうとはしません。お風呂なら、狭い空間でテレビも何もないので、お母さんの話を真剣に聞いてくれる絶好の場所なのです。

お母さん側も、普段は茶碗を洗いながら子どもに話しかけたり、洗濯物をたたみながら話しかけたりと、きちんと子どもの目を見て話すことって、なかなか難

しいですよね。お風呂はお互いが落ち着いて目を見て話せる場所です。本音を打ち明けやすかったり、内緒話ができたり、真剣な話ができたりするのは、やはりお風呂なのです。性教育の話に限らずに、親子の絶好の会話のタイミングにしていきましょう。

「水着ゾーン」の理解が進んだら、次は寝る前などに「水着ゾーンクイズ」をやってみましょう♪

「体には、他人には触られてはいけない、自分だけの大切な場所があるんだよね。どーこだ？」「口、胸、性器、おしり！」「その通り！　口、胸、性器、おしり！覚えておいてね！」

該当する部分を隠すジェスチャーをつけて繰り返し楽しく遊んでもいいでしょう。子どもはゲームのように喜んでやってくれますよ！

ただし、ノッてくれるのは10歳くらいまで。スタートはお早めに！

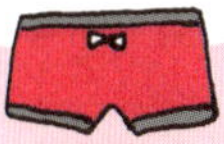

3 説明できますか？ 生理と精通

「生理」と「精通」とは？ お母さんにとっても、ここは少し難しいところですよね。仕組みだけでなく、子どもの心や生活面にどんな影響を与えるかを理解していると、性教育を実践していくいろんな場面で対応が可能になってくるでしょう。お母さんは、生理は自分の体でも起きていることなのでなんとなく知っていますよね。ですが、精通と言われるとまるっきり未知の世界……。言葉に詰まってしまうかもしれません。この機会にぜひ習得してしまいましょう！

生理は「赤ちゃんの卵のベッドの交換日」

――「女の子は1カ月に1個、卵巣から卵子が出てくるんだよ。卵子は赤ちゃんの卵だから、優しく迎えてあげたいよね。だから子宮では、ふかふかのベッドをつくって待っているの。でも、卵子が精子と出会わなくて、受精卵っていう赤

ちゃんの卵にならなかったら、そのベッドはいらなくなってしまうんだ。だから経血となって体の外に出ていくんだよ。毎月毎月赤ちゃんの卵のベッドを新品のふかふかにしてあげているの。これが生理だよ。生理は『赤ちゃんの卵のベッドの交換日』なんだね」

段階的にセックスの話へ進んでいくために生理の話は絶対に必要です。女の子ならこれから自分の体で起きることを受け入れる準備をするためでもあります。だいたいの子は10～13才の間に初潮を迎えます。「血が出る」と聞くと、「痛くないの？」「急になったらどうするの？」「水泳の授業は見学しないといけないと聞いたけど、見学していたら、みんなにバレちゃうよね？」などなど、子ども達はいろんな不安を募らせます。「あなただってふかふかのベッドで寝たいでしょ？　古い布団は処分しないとね。生理は体にとって大切で、必要なことだよね」とマイナスのイメージを減らしていきましょう。

そして実際に初潮を迎えたら、しっかりお祝いをしてあげましょう。「お赤飯」

が定番ですが、外食もいいと思います！「大人の仲間入りだね、おめでとう！」と家族みんなで祝ってあげましょう。「生理って嬉しいことなんだ！」と思え、ポジティブに捉えられるようになります。

「生理は最高のデトックスなんだよ。またかわいくなっちゃうね」と声をかけてあげてもいいでしょう。お母さんが生理を嫌なものと捉えていると、子どもも同じように考えます。実際のところは、生理がくればいくつになっても憂鬱になったりだるくなったりするものです。でも、子どもには生理中も元気に過ごして欲しい！　だから、もし生理を嫌なものと捉えてしまっているなら、お母さん自身の意識と言動を見直してみましょう。

そして、初潮を迎えたら必ず伝えないといけないことがあります。それは、**「生理は大人の体になった合図。あなたの体は赤ちゃんがつくれるようになったんだよ」**ということ。そして、「赤ちゃんが今できたらどうなる？　まだ育てられないね。じゃあ自分の体を守っていこうね」と約束しましょう。

精通で「トンネル開通」

――「生まれた時から、あなたには赤ちゃんの種（精子）をつくる場所があるの。それを精巣って言うんだよ。10歳くらいになると男性ホルモンが出はじめて、声変わりが起きたり、ヒゲが生えたり、骨格ががっちりしたりして、大人の体に近づいていくんだよ。精巣ではね、精子の製造がはじまるの。年中無休で働いているんだよ！　おちんちんの先っぽから初めて精子が出ることを精通っていうの。これでトンネル開通！　それまでは出なかった精子が出るようになるんだよ」

精通は、大体12歳くらいで迎えると言われていますが、マスターベーション、もしくは夢精のどちらかで迎えます。個人差なので、どっちになるかはわかりません。本では「夢精で精通を迎える」と書かれていることがほとんどですが、男の人たちに話を聞く限り、マスターベーションで精通を迎える割合のほうが多い

ようです。夢精したことがないという人もいます。いつどのように開通するのか、男の子自身もドキドキですよね。

　精通は大人の男性になった証です。初潮と同様に、精通を迎えた時にはお祝いをしてあげましょう。「おめでとう、もうあなたは大人だね。大人として接していくよ！」と伝えましょう。そして、それ以降は射精に関して口を挟まないのがマナーです！　マスターベーションをするのは良いことです。なので中学生くらいになったらマスターベーションをする時間をつくってあげるのもお母さんの優しさです。一人になれる時間をつくる、お風呂やトイレが長くても小言は言わない。これが男の子を持つお母さんの愛情であり、母子関係を壊さないための秘訣です。

　マスターベーションのためにアダルトビデオを見るのも普通のことです。ただし、小学生など、まだ判断がきちんとつかない子どもには、「いいことと悪いことの判断がきちんとできるようになるまでは見ないで欲しい」と前置きしてあげてもいいと思います。それでも小学生で見ていた時は、責めるのではなく、「何

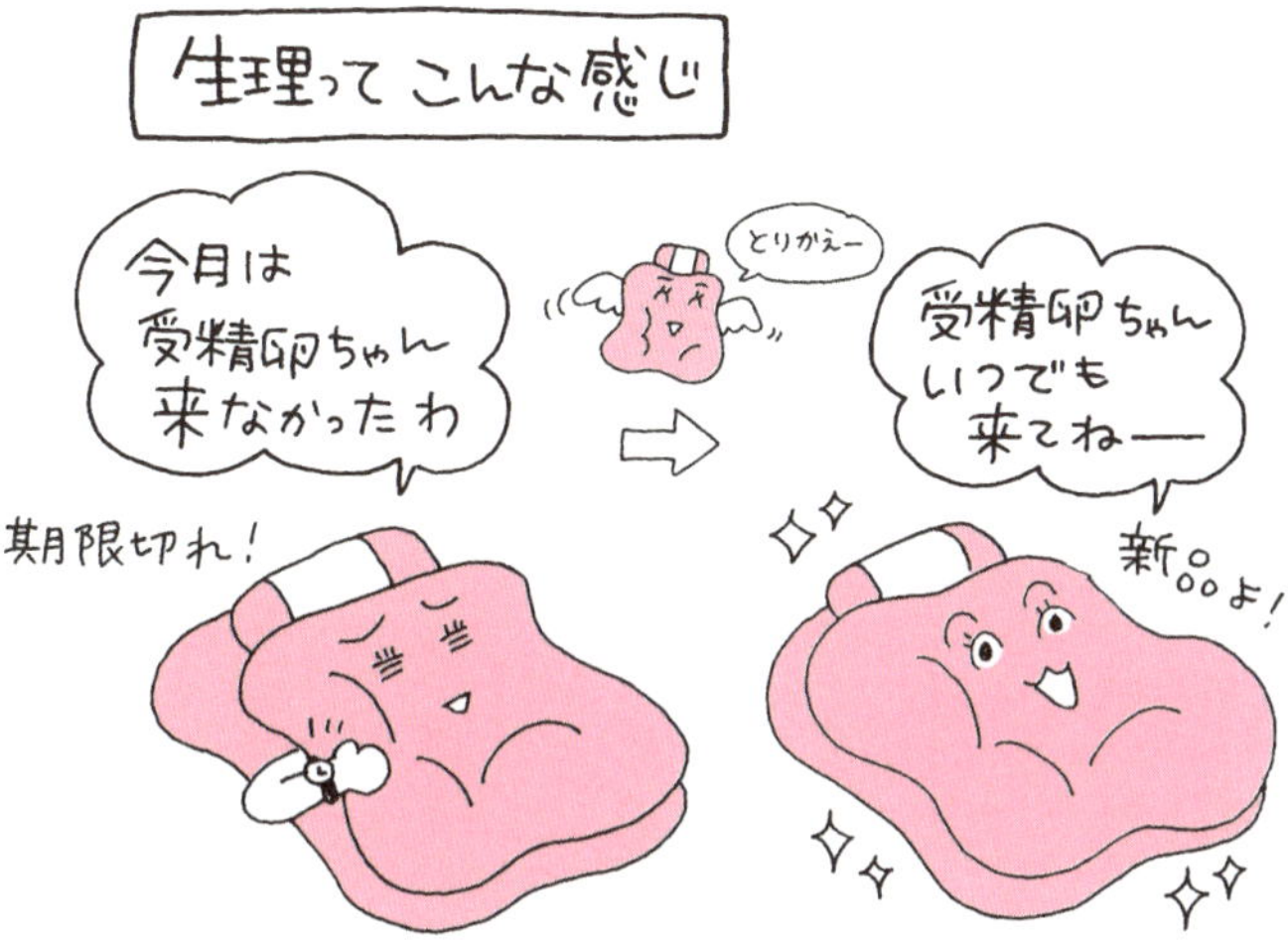
生理ってこんな感じ
今月は受精卵ちゃん来なかったわ
とりかえー
受精卵ちゃんいつでも来てねーー
期限切れ！
新品よ！

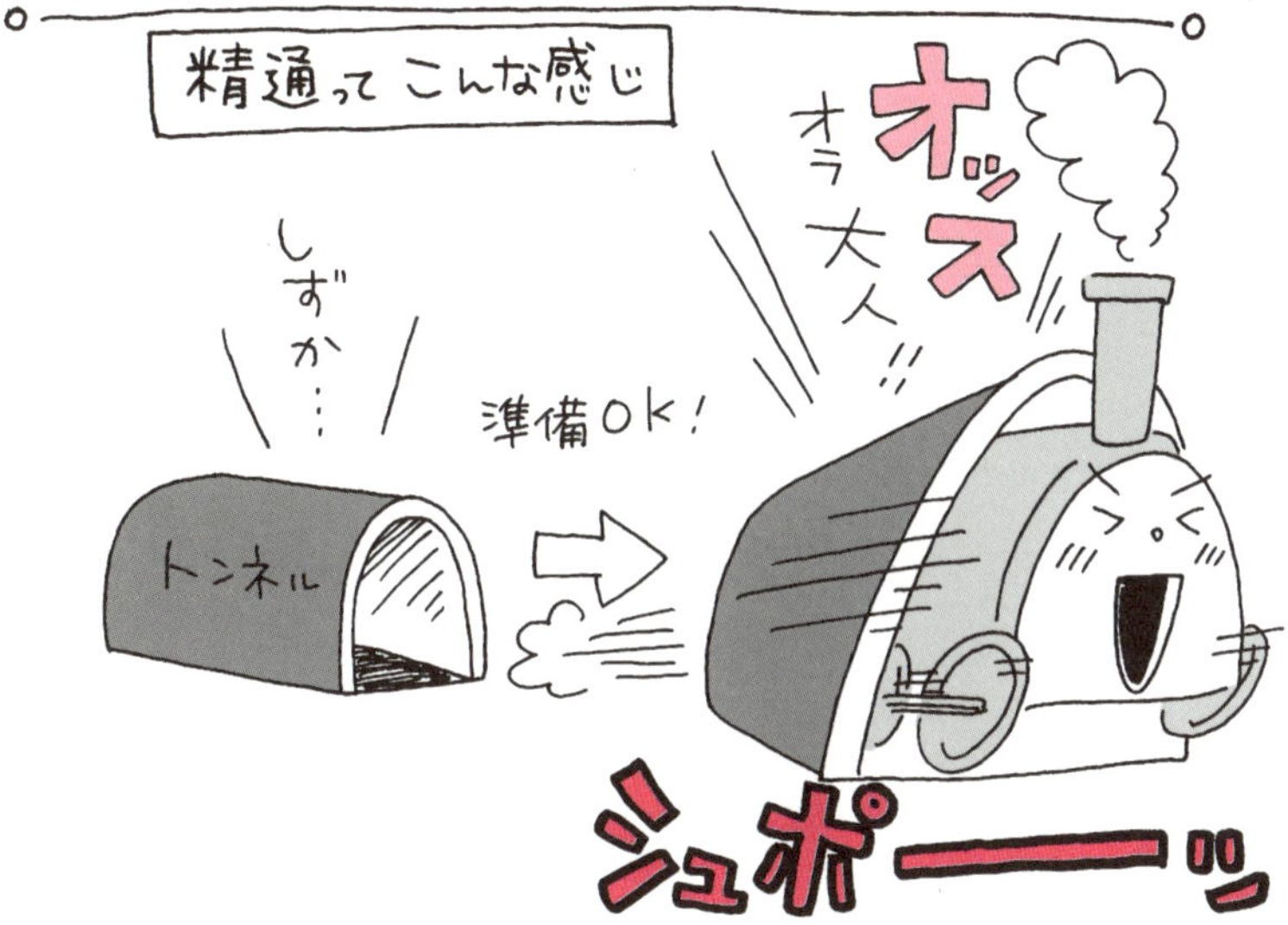
精通ってこんな感じ
しずか…
トンネル
準備OK！
オラ大人!!
オッス
シュポーーッ

見てるの？」と言って、お母さんも一緒に見てみるのも一つです。そのうえで、これまでの性教育をぜひ復習してください。

すべては子どものためです。頑張れ、お母さん！

4 奥義！　パンツ洗い!!

朝——。家族がカゴに放り込んだ洗濯物を、「どばどばっ」と洗濯機にうつし、ボタンをポチッ……。しばらくしてから、「あ、おもらしのパンツを洗面所に置きっぱなしだ！」「生理のパンツを洗面器につけっぱなし！」ということ、よくありますよね。「今なら間に合う！　急いで洗濯機に……」

ちょっと待って！

そのパンツ、今日から、子ども自身に洗わせてみませんか？

子どもは近い将来、女の子なら、おりものがつくようになります。そして生理がくると、時々経血で汚すようになります。男の子は夢精し、予想外にパンツを

汚すこともあるでしょう。

こうなった時に子どもが一人で焦ったり、落ち込んだりしないように「自分で自分のパンツを洗う」習慣を小さい頃から身につけさせておきましょう！　これは、自立に向けた家庭教育の一つです。我が家では、おねしょをする頃からお風呂でのパンツ洗いを実践しています。

特に男の子の場合、パンツ洗いは大きな意味を持ちます。

夢精をしたとき、マスターベーションをしたとき、パンツが汚れます。男の子はそれを隠そうと必死に工作します。パンツだけを不自然に丸めて洗濯機に突っ込んだり、コンビニにパンツを捨ててしまう子もいるそうです。

お母さんはどうしてもこうした小細工に気付いてしまいます。

でも「気にせず洗濯に出しなさいよ」「いつの間に精通きたの？」なんて言ったら、子どもの恥ずかしさはＭＡＸに！　母子関係を壊しかねません。

だから、そんな工作をしなくてもすむように、お母さんも変な気遣いをしなくてもいいように、幼児期から子どもにパンツ洗いをさせるのです。

子どもに、お母さん自身がパンツ洗いをしている姿を見せるのもいいでしょう。

「どうしてパンツだけ手で洗っているの？」

「女の人には生理というのがあってね……」

「あなたも中学生くらいになるとおちんちんの先からね……」

と、生活の中で自然と命の性教育ができますよ。

パンツ洗いは、大人になっていく体の変化を受け入れるとともに、自立を意識できるようになる「最強ルール」なのです！

PART 6

お母さんから我が子へ、命の授業

1 赤ちゃんができる奇跡

セックスをすれば、常に妊娠する可能性はあります。初潮がくれば、小学生だって妊娠をします。①セックスをする ②卵子と精子が出会い、受精卵ができる ③受精卵が子宮内膜に着床する この3ステップを経て成立します。

ただ、ホップ、ステップ、ジャンプとはいきません。妊娠は、いくつもの奇跡が重なって起きることだと知っていますか？

セックスをすると、男性のペニスから出た精液が女性の膣内に入ります。この瞬間から、**「精子のサバイバルゲーム」**の火ぶたが切って落とされます！

2 勝ち残れ！ 精子くん

1回の射精で出る精液の中には、2億から4億個もの精子が入っています。これだけあれば充分すぎるように思えますが、女性の体は〝入り込んできた異物〟

を排除しようと巧みに罠を仕掛けていきます！

最初の罠は膣内にあります。

膣内を酸性に保ち、弱い精子を殺してしまうのです。しかし精子だってこんなところで全滅するわけにはいきません。「勇敢な1匹の精子がゴールにたどり着くならば……」と、自らは守備部隊となって死んでいくものもいます。

ここまで射精から30分。膣内に入った精子のうち99％が命を落とします。生き残った1％の精子たちは、擦り傷をつくったり、火傷を負ったりしながらも、子宮頸部に進みます。そして遂に子宮へと足を踏み入れます！　この時さらに多くの精子が脱落。その数5千匹にまで減るといわれています。

試練は続きます。

次なる目的地は卵管ですが、子宮の中は精子にとって広大な世界。そう簡単に卵管に続く小さな入口は見つかりません。それはさながら、果てしなく広い草原で1輪の花を探すようなもの……。精子の体はどんどんボロボロになっていきます。そこに追い打ちをかけるように、必殺仕事人・白血球がやってきます！　精

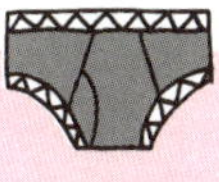

子たちは、懸命に逃げ回りますが、次々と捕えられ、命を奪われていきます。

どうにか逃げ切った精子たちは、卵管の入り口を見つけだします。しかし、嗚呼、なんという非情!! 卵管は左右2つに分かれており、卵子はどちらにあるかわかりません。ここで最後の大バクチ! 確率2分の1の挑戦に挑むのです!!

大バクチに勝って運よく卵子にたどり着いた精子たち……しかし残念ながら、ここがゴールではありません。卵子の中にまで入れるのはたった1匹です。我先にと卵子の城壁をコンコン、ドンドンと叩きます。

そして遂に……扉が開く時がきます!! もっとも勇敢に進んできた精子の前の扉だけが開くのです。

しかし、それは一瞬のこと……。

選ばれし1匹をササッと招き入れると、扉はピシャッと閉まってしまうのでした。

こうして「精子のサバイバルゲーム」の幕は静かに下ります。

そう考えると、精子ってとっても健気だと思いませんか?

3 億千万の奇跡

晴れて、選ばれし精子と卵子は受精卵になります。

しかし、これで妊娠が成立するわけではありません。受精卵は細胞分裂をしながら1週間かけて、卵管の中から子宮まで移動し、子宮内膜のベッドに入らなければなりません。これが着床です。

着床は簡単なことではありません。ベッドがふかふかのタイミングでなければ、ベッドに入れても着床には至りません。また、細胞分裂がうまくいかなかったら、受精卵は着床する前に生理となって流れていってしまうのです。

何千、何億、何兆という奇跡がつながったから、お母さんも、お父さんも、愛する子ども達も今、ここにいます。

ただ、忘れてはいけないのは、「奇跡」という単語は、〝簡単には妊娠しない〟という意味ではないことです。子ども達が「奇跡＝1回くらい避妊しなくたって大丈夫！」と誤解しないように説明してください。

精子のサバイバルゲームも、着床のタイミングの難しさも、妊娠の確率を下げるためにあるのではなく、より強い命のバトンリレーをするための働きです。

「精子は女の人の体の中に入ってから、こんなに大変なんだね。でもね、入るのだって大変なんだよ。精子はとてもデリケートだから、空気に触れると死んじゃうの。だから、セックスの時、おちんちんを膣に入れるんだよ」

「精子が卵子のところまでちゃんと行けるようにするにはどうしたらいいと思う？　スタートが子宮に少しでも近いところになるといいよね。だから、おちんちんは勃起するんだね」

　セックスの話を子どもにすることは、性教育を進める中で立ちはだかる最大の壁だと多くのお母さんが思っているでしょう。でも、命の奇跡の話からセックスの意味を考えてみると、「なんで、セックス＝卑猥って今まで思っていたんだろう？　そっかそっか、子どもに話せるじゃん！」という気分になりませんか？

4 「不妊治療」は恥ずかしいこと？

今、10組中4組の夫婦が、タイミング法、排卵誘発法、体外受精、人工授精などなにかしらの不妊治療を受けていると言われています。不妊治療に取り組む夫婦がこれだけ増えているということは、治療が「特別なこと」ではなくなっているということです。けれど日本では、不妊治療に対してまだまだ偏見があり、悩みを抱える方も多くいるのです。「不妊治療をしています」「不妊治療で生まれた子どもです」と、公には言葉にしづらい社会で、私も不妊治療にまつわる悩みを抱えるご夫婦の相談を本当にたくさん受けてきました。

不妊治療は、女性にも男性にも大きな負担になります。

女性はまず、治療と仕事や家事、場合によっては子育てとの両立の厳しさにぶち当たります。検査や注射をするために頻繁に通院しなければならないし、病院から「何日の何時にきてください」と来院日時を急に指定されることも多くあります。治療日が決まれば欠勤や早退、中抜けなどは避けられず、肩身の狭い思いを何度も何度も繰り返す日々が続きます。

　治療をしていることを明かさなければ「この前も休んだでしょう？　明日も明後日も休みなの？」と怪訝な顔をされてしまうし、治療をしていることを正直に話せば「だったら、社内で堂々と言ってから行け！　みんなに迷惑かけてるんだろ」と上司にパワハラまがいのことを言われたりするケースもあるのです。中には、「今までセックスし過ぎたんだろ。経験人数が多いから不妊になったんだよ」「もっとヤればすむ話だろ」なんて心無い言葉を浴びせられたという女性もいます。厚生労働省が２０１７年に初めて行った実態調査からは、不妊治療をした人のうち16％が会社を退職していることが明らかになっています。精神的な負担がどれほど大きいか……計り知れません。

　また、結婚してから数年経っていれば、何も知らない親戚や近所の人に「子どもは欲しくないの？」「まだできないの？」と言われることもありますよね。その言葉はプレッシャーとなって重くのしかかってきます。「早く結果を出さなきゃ……」「今の治療でいいのかな」と焦りは大きくなり、生理がくるたび、「ああ、

またダメだった。私が悪いんだ」と女性は自分を否定し、涙を流します。

男性だって苦しみます。例えば、気持ちが向いていなくても決まった日にセックスをしなければいけません。病院では「精子を出してください」と、Hな本やAVが置かれた小さな部屋に入れられたり、「子どもは欲しくないの？」というプレッシャーに耐えたりするんです。また、治療に対して奥さんと温度差が生じてしまいストレスを抱える男性も少なくありません。

そして、金銭面の負担は数百万円単位になることもあります。これはふたりの大きな負担になります。治療を続けるために両親に頭を下げて……という夫婦も多いようです。こうしたさまざまな悩みが重なると、「不妊治療不妊」といって、不妊治療が及ぼす肉体的、精神的負担のせいで、かえって子どもができにくくなる現象まで起こってしまいます。

不妊治療は、体も心も痛む、つらい、苦しい治療です。それでも不妊治療を続けたお父さんお母さんが、どうしてこんなに引け目を感じなければいけないのでしょうか？　私はそんなおふたりに必ず伝える言葉があります。

「命のスタートって、セックスであれ、人工受精であれ、体外受精であれ、なんでもいいじゃないですか！　子どもの命は誇るべきものです」

この言葉を伝えると、ほとんどのお母さんが涙を浮かべます。その涙こそ、子ども達を大切に思っている証です。

セックスをしてできた子どもの方が偉いですか？　治療でできた子は劣る存在ですか？　治療をして子どもができたことに引け目を感じる必要なんてまったくありません。あんなにつらい思いをしてでも会いたかった命でしょう？　あなたが会いたいと願ったその気持ちは何よりも尊い。もっと誇っていいんです、お母さん。大事なのは、命のスタートではありません。生まれてからの子育てです。

ちなみに、日本で２０１６年に行われた体外受精は44万７７９０件。、出生児の約18人に１人に当たる５万４１１０人が誕生。件数も出生数も過去最多を更新しており、学校の１クラスに２人は体外受精で生まれた子どもがいる時代です。そう、治療で生まれることは、何も特別なことでないのです。

私の３番目の子どもは、治療をして授かりました。「毎月生理がきているのに

どうして子どもができないのだろう？」と不思議に思い、産婦人科に行くと、排卵をしていないことがわかったのです。2人の子どもを出産していたので、自分の身に不妊が降りかかるとは思ってもみませんでした。そうして次女から6年後、やっと三女に出会うことができました。

　本人には治療でできた命であることをしっかりと話しています。「あなたに会いたくて、ママは治療をしたんだよ。あなたのママになれて、ママは本当に嬉しい」と。

　とはいえ、不妊治療をしたことを子どもに話すことをためらうお母さんもいるでしょう。ですが、話すべきだと私は考えます。

理由は、子どもも将来治療を必要とする可能性があるからです。

不妊が疑われた時、子どもをつくる、つくらないという選択は当然あっていいと思います。もしつくることを選ぶのならなら、実現して欲しいですよね。「私はどうしてもあなたに会いたかったから治療したの。もし同じ状況になったら、あなたにも子どもに会いたいという気持ちを大切にして欲しいな」と、味方に

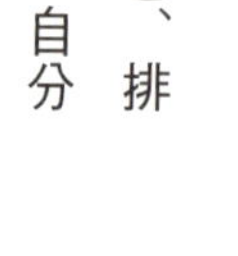

なってあげましょう。こうすることで、我が子がいざというときに、偏見を持たずに、恥ずかしがらずに、病院に行けるようになるはずです。

これは、シングルの家庭やステップファミリーにも通じることです。

「パパとはさようならをしてしまったけど、あなたをママに授けてくれたことは、パパに感謝している」

「前のお母さんがあなたを生んでくれたからあなたに出会えた。ママになれてとても嬉しいよ」

どんな始まりで命のスタートを迎えようとも、優劣なんてありません。

「あなたには価値がある。自信を持っていいんだよ」と、愛情たっぷりに伝えてあげてくださいね。

5 「不妊症の約半数は男性」の事実

「10組夫婦がいれば4組の夫婦が不妊治療をしている時代」だとお話ししました

が、**実は男性と女性の不妊の割合は半々くらいです。**

男性不妊の原因の大半は精子の質が落ちていること。性欲はあるし、射精もする。けれど精子の状態が悪いために、赤ちゃんができないのです。食事やいろいろな化学物質、過労や精神的ストレス、肥満、運動不足、スマホの電磁波、パソコンの熱、締め付け……などなど、さまざまなことが精子の質に影響を与えていると言われています。その結果、オタマジャクシ型をしているはずの精子のシッポが切れていたり、シッポが複数あったり、頭に穴が開いていたり、頭がない形になってしまっていたりするのです。精子の量は充分にあっても、きれいな形の精子がほとんどいない男性もいます。

けれど男性にはこの自覚がありません。だから、いざ赤ちゃんをつくろうとなったのにできないと、「原因はお前にある」と奥さんを一方的に責めてしまうのです。お姑さんも同じです。息子に原因があるなんてこれっぽっちも思いません。だから「若いお嫁さんをもらえばよかったのに」なんてことを言うのです。

一方で、不妊の現実を突きつけられると、男性はものすごい衝撃やショックを

受けると言われています。「俺は役立たずだ」「男としての存在価値がない」といった気持ちになり、治療から目を背けてしまう男性は少なくありません。

ですが、原因探しが犯人探しになってしまってはいけませんよね。子どもは、ふたりの子どもです。ふたりで考え、ふたりで治療をする。これが当たり前になるべきだと思うのです。

子ども達には「将来、赤ちゃんが欲しいのにできない時は、女性に原因があると決め付けたらいけないよ。男性にだって不妊はあるんだよ」と教えてあげましょう。

そして、特に男の子には、「精子に元気がないから赤ちゃんができにくいという人がいるんだよ。女の人が悪いなんて誤解をしてはいけないし、治療を女の人に押し付けるようなことは間違っている。男性も治療に参加するという考えを持っておいてね」と一歩踏み込んで伝えていきましょう。

不妊は恥ずかしという考え方が減り、不妊治療に誰もが賛成する世の中になっていけば、セクハラは減り、日本の子どもの数は増えるかもしれません。子ども

達には新しい考え方を持って、現状を変えて欲しい！ と願っています。

6 しっかり話そう！ 避妊・中絶・コンドーム

避妊の大切さ

子どもには、自分で人生を切りひらく「人生設計」を立てて欲しい。親も子もいろんな夢を見ますが、それを大きく阻んでしまうものがあります。それは「低年齢での予期せぬ妊娠」です。

妊娠の確率は若いほど高くなります。卵子も精子もピチピチ元気だからこそ、受精しやすいのです。「望まないのにできちゃう10代、望んでできる20代、望まないとできない30代」これが現実です。そのため、子どもたちが知識を持たずに、ただ興味本位でセックスをしてしまえば簡単に妊娠をします。お母さんは、しっかりと避妊について話してあげるべきです。

その第一歩として、まずはセックスとは何なのか、子どもに考えさせてみましょう。「セックスは命のバトンリレーをするための行為だよね。セックスをすれば、必ず妊娠が伴うことを忘れないでね」「子どもができるってどういうこと？ 命が誕生する、人が一人誕生するということだよね？」さらに「経済的に養っていくってどういうこと？」「働くとなったら、自分の夢はどうなるの？」ということも一緒に考えてみましょう。

10代のできちゃった婚の現実はとても厳しいです。国の統計からは、できちゃった婚をした19歳以下の夫婦の2組のうち1組は離婚をしていること、そして、10代のできちゃった婚の夫婦が5年以内に離婚する確率は80％にも上ることがわかっています。「この数字を見てどう思う？」という問いかけもしてみましょう。

中絶の痛み

避妊にきちんと取り組んでいても〝失敗〟は起きます。「射精直前にコンドームをつけたのに、我慢汁で妊娠してしまった」「コンドームが破れてしまった」「彼がこっそりコンドームを外していた」など、いろんなことが起き得ます。

だから妊娠が現実になった時にはどんな選択肢があるのかも教えていかなければいけません。「中絶」は選択肢のひとつです。ただ、「妊娠をしてしまっても中絶という手段があるからね」なんて教えるのは完全に間違っていますよね。

「中絶は人を一人、殺してしまうことだよ」「お空に旅立たせることだよ」と、はっきりと教えましょう。そして、「命ってどんなもの？」と子どもに考えさせてください。

「セックスをして妊娠したら新しい命ができるね。もし育てられなかったらどうなる？　手術をして、その命をお空に旅立たせなきゃいけないよね。でも命って、そんなに簡単に、粗末に扱っていいものじゃないよね」と導いていきましょう。

また、中絶は心にも体にも負担になることも伝えなければいけません。

「命を粗末にすれば、あなたの心には傷ができてしまうよ。それからずっと、傷

を背負って生きていくことになるんだよ」「中絶は手術だよ。だから体には危険が伴うんだよ」と話しましょう。また、中絶が不妊症につながりかねないことも、きちんと伝えるべきでしょう。

中絶の重みが理解できるのは、命の大切さを理解しているからこそです。思春期になってから避妊だコンドームだ中絶だと言っても、子どもは受け入れてくれません。幼い我が子が夢を実現していく姿を想像しながら、小さい頃から命の教育を積み重ねていきましょう。

コンドームはマストアイテム

お母さん、コンドームを自分で買ったことがありますか?

講演会や講座などで私は同じ質問をしていますが、「買ったことがある」という人は2割もいません。私が若い頃は、コンドームを持っているだけで「経験人数が多い」というイメージを持たれがちでした。そのため、大人になっても、自

分が持つことに抵抗がある女性が多くいます。子どもに「コンドームを使いなさい」と言いながらも、実際に我が子のポーチにしっかりとコンドームが入っていたら……ショックを受けるお母さんもいるかもしれませんね。

しかし、コンドームは子どもの体を、そして命を守ります。まずはお母さんがコンドームに対する意識を変えましょう！　そう、男の子も女の子も、コンドームを持っていいのです！　持つべきなのです！

それはなぜでしょうか？

コンドームの役割は避妊だけではないからです。

「唯一、性感染症から命を守ってくれる」もの。それがコンドームなのです！

キスやセックスなどの性的接触によって感染する病気をひっくるめて「性感染症」と言います。性感染症には、死に至る病気や重い病気を引き起こしかねない病気、後遺症が残る病気もあります。決して軽く考えていいものではありません。梅毒、淋病、クラミジア、性器ヘルペス、そしてエイズ。これらすべて性感染症です。

コンドーム☆マンは、男の子・女の子の味方です！

また、高校生でセックスの経験がある男の子の7・3％、女の子は13・9％、全体で11・4％が性器クラミジア感染症に感染していたという報告もあります。性感染症は子どもの身近に迫る病気です。

子どもに「コンドームは避妊具」と教えている限り、つけるつけないは人任せになってしまいます。男の子は「妊娠するのは女だから、女の問題じゃん」と思い、女の子は「彼に任せておけば大丈夫」と考えてしまうのです。子ども達には「男の子も女の子も一緒。性感染症からあなたの命を守ってくれるのはコンドームだけ。必ずつけなさい」と教えましょう。そして、コンドームのメリットとして「避妊もできる」と教えましょう。そうすれば、「コンドームを使わなかったら命が危険にさらされてしまう。絶対につけなきゃいけないんだな。おまけに避妊もできるなんて、いいじゃん！」と子どもはわかってくれるようになります。

また女の子には「あなたのことを愛している男性なら、コンドームをつけてくれるはずだよ」「愛してるから、つけないでもいい？　なんて男はセックスがしたいだけ」ということも話しましょう。性感染症は特に女性を苦しめます。子宮

内部や卵管・卵巣まで炎症を起こすことがあり、これは流産や不妊の原因になります。無事妊娠できても母子感染を起こす性感染症もあります。

コンドームはエイズの予防もしっかりとしてくれます。

今、日本は、先進国で唯一エイズの感染が拡大しているという深刻な状況にあることを知っていますか？　その背景にあるのは、いわゆる「生神話」です。コンドームをつけないことが快楽、優越感という価値観が感染を広げているのです。しかし、エイズの原因となるＨＩＶはごく限られた経路からしか感染しません。きちんとコンドームを使用していれば感染することはまずありません。

コンドームの役割を教えたら、手に入れる方法も教えてあげましょう。買えるのは薬局だけではありません。10代御用達のコンビニにも売っています。身近な場所で1000円出さずに買えます。単価にすれば約50円。「コンドームなしにセックスをするなんて、ノーサンキュー！」という価値観を育てましょう。

ちなみに、ヨーロッパでは、小学校でペニスの模型にコンドームをつける授業が行われます。学校でも家庭でも、命を守る教育として徹底されているのです。

日本もぜひ見習って、子ども達の明るい未来を守れる社会になることを、切に願います。

7 緊急避妊ピルは最後の砦

「コンドームは性感染症から命を守るためのものであって、避妊はおまけ」とお話ししました。

ただ、コンドームでは4〜13%くらいの確率で避妊に失敗することがわかっています。「正しく使っていたけど破れてしまった」というハプニングは起きるし、「途中からつければOK」といった間違った使い方をしていることがあるためです。避妊率から考えれば、ピルとコンドームの併用がもっとも安全です。

今、ピルを飲んでいる女性はめずらしくありません。ピルは、避妊や生理痛の軽減、子宮内膜症の治療などさまざまな目的で服用できるためです。中には、「一般的になってきているし、子どもだってピルで……」と考えるお母さんもいるか

もしれません。しかし、私は賛成できません。繰り返しますが、子どもにコンドームをつけさせる一番の目的は「性感染症から命を守るため」です。ピルでは性感染症は防げません。

それに、ピルは女性にとって負担がとても大きいです。病院まで行くのも、お金を払うのも、飲み忘れがないよう神経を使うのも女性です。若いカップルに女の子任せの避妊を許してしまえば、男の子の避妊に対する気持ちは育ちません。

ただ、子どもにも教えておきたいピルもあります。それは「緊急避妊ピル」、通称モーニング・アフターピルです。黄体ホルモンを主成分とした錠剤で、**避妊に失敗した時から72時間以内に飲めば、約90％の確率で妊娠を防げます。**指定病院の医師の処方で手に入れることができます。

「相手を好きな気持ちがなかったわけではないけど、なんとなくセックスをしてしまった」「無理やりされた」というパターンが10代には多くあります。性犯罪に遭ってしまう可能性も否定できません。そんな中で、妊娠の不安を抱えるのは女の子です。だから、瀬戸際の避妊法があることを知っておいて欲しいのです。

避妊に成功するかどうかは時間勝負です。避妊に失敗した時からすぐに内服すると90％の確率で妊娠を防げますが、72時間過ぎれば着床を防ぐことはできません。着床しかかっている時に飲んでしまうと、反対に着床を誘発してしまったりということもあります。「72時間以内に飲む」が絶対なのです。

病院で処方してもらうには1万円以上かかります。高校生が処方を希望して一人で病院に現れるものの、お金を出せないからと帰っていく例も多いそうです。

緊急避妊ピルの存在を知っていても飲めないのでは意味がありません。だから「万が一があったなら、一刻も早く、お母さんに相談をするように」と話しておきましょう。

最近はインターネットで買える緊急避妊ピルもあります。子どもが親に黙って手に入れることもできなくはありません。ですが、インターネットで買えるものは、正体がわかりません。だから、やはりきちんと産婦人科に行くべきでしょう。

私も、娘を持つ母親として覚悟をしています。娘に「万が一という時は、すぐにママに言いなさい。一人で悩まなくてもいいからね」と伝えています。もし避

妊なしのセックスが原因なら「これだけ言ってきたのに、伝わっていなかったんだ……自分を大事にしてくれなかったんだ」と私の在り方を反省するでしょう。

でも、きっと「娘を守りたい！」という思いのほうが強くなると思うのです。だから「ママに相談してくれてありがとう」と伝え、緊急避妊ピルを飲ませ、親子で次の生理を待ちたいと思っています。もちろん、最後の砦があるからといって、安易にセックスをしていいとは決して言いません。けれど、解決策があるのなら使うべきだと思うのです。逃げていても、妊娠の不安は募るばかり……そんな孤独でつらい思いを、我が子にはさせたくありませんもの。

8 ＬＧＢＴが当たりまえの世代

「ＬＧＢＴ」という言葉を知っていますか？

ＬＧＢＴとは、「Lesbian」（レズビアン／女性同性愛者）、「Gay」（ゲイ／男性同性愛者）、「Bisexual」（バイセクシュアル／両性愛者）、「Transgender」（トランスジェン

ダー／出生時に診断された性と自認する性の不一致）の頭文字をとり、セクシュアル・マイノリティー（性的少数者）の一部の人たちを指した総称です。あくまで「一部の人たち」であり、実際には、四つの分類に当てはまらないセクシュアル・マイノリティーも多く、ＬＧＢＴＱ（Questioning／自身の性自認や性的指向が定まっていない）など、いろいろな人々が暮らしています。

世界に目を向けると、ＬＧＢＴを受け入れる国はどんどん増えています。特にヨーロッパ諸国は寛容です。差別を禁止する法律があったり、同性婚が認められていたり、同性カップルの養子縁組の制度が整備されていたりと、ＬＧＢＴの人々が生活しやすい環境づくりが進められています。ＬＧＢＴ先進国であるタイでは、18種類の性別が認められています。性の多様性は常識になりつつあるということでしょう。

では、日本はどうでしょうか？　今やＬＧＢＴは、人口の8％に上るといわれています。これは「高橋さん、佐藤さん、鈴木さん、田中さんを合わせた人数」や「ＡＢ型の人と同じ人数」です。気づいていないだけで、実はとても多いので

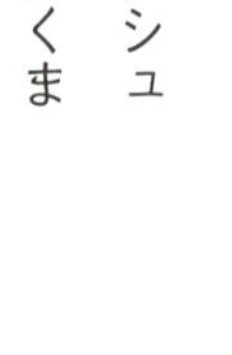

す。**小学校の1クラスに40人児童がいれば、すでに2人か3人の子どもは自分がセクシュアル・マイノリティーだと気づいているといわれています。**

ですがLGBTの人々にとって、日本の現状はまだまだ厳しいものです。LGBTの人々のうち7割が学校でいじめに遭い、3割は自殺を考えたことがあるという実態が、民間団体のインターネット調査で明らかになっています。

外見上はどうであれ、同性を好きな気持ちがあるなら、その人が異性を好きになることは難しいのです。強要されれば、苦痛が伴います。持って生まれた性、自分が思う性、好きな人、好きな相手というのは、誰からも批判されるものではないはずです。

子ども達が大人になる頃、日本では、続く人口減少の影響から働き口は減るでしょう。将来、海外で働くのが当たり前の時代に、性の多様性を認める価値観を持っていなかったら？　きっと、偏見や差別の価値観を持って大人になってしまった人こそが、働きづらさ・生きにくさを感じるようになると思います。

お母さんは自分の子どもに、人を辱めたり、蔑んだりするような人間にはなっ

て欲しくないはずです。だから多様な性の価値観を受け入れられるように「ママは、誰かを好きと思う感情とか、自分を好きだと思う気持ちを大切にして欲しいんだ。だから、誰を好きになっても、どんな性別になってもいいと思う。もちろん『あなたがそうであってもいい』んだよ」と小さな頃から伝えてあげましょう。

お母さんは、「うちの子に限って……」と思うかもしれません。ですが、自分の子どもがＬＧＢＴであっても特別なことではないのです。

「どんなあなたでもいい。どんなあなたでも価値がある。どんなあなたでも愛している」そんな風に伝えておいてあげて欲しいのです。

ＬＧＢＴであることを「親にだけは言えない」という人はすごく多いと言われています。そうではなく、親子だからこそ話せる関係でいたいと思いませんか？

お母さんは子どもにとって絶対的な存在です。だからこそ、お母さん自身が時代にあった価値観を持ち、子どもの価値観を育てていって欲しいと思います。子どもの考え方は、良くも悪くも、親の一言で変わっていくことを忘れないでくださいね。

PART

7

こんな時こそ！性教育

子どもを育てていると、「え！　ウソでしょ？」とドキッとしたり、「何やってるの!?　やめなさい！」とヒヤッとしたりする出来事に日々、遭遇します。ジュース満タンのコップをひっくり返してみる、くつしたを手に履いてみる……こんなシーンならお母さんは即座に適切な対応をするに違いありません。

しかし、そのシーンに〝性〟がからんでいたら？　その場でうまい対応をするのは至難の技ですよね。

実際にお母さん達が出くわしたドキッヒヤッ体験を例に、子どもの行動をどう捉え、どう対処すべきかをお話ししていきますね。

マサキくんとチュー

年少さんの娘が、「クラスのマサキくんといつもチューをしているんだ」と嬉しそうに話してくれました。その日から「口は『水着ゾーン』だから、あなただけの大切な場所。お友達の口を触るのも、お友達にあなたの口を触らせることも

してはいけないよ」と言って聞かせました。けれど、2週間くらい経ったとき、「マサキくんとね、今日はチュー2回した」と娘はあっけらかんと話してくれました……隠さないだけ、いいのかな……？

↓幼稚園・保育園で、子ども同士がキスをするのは、日常的にあることです。「○○ちゃんが好き」「△△くんと結婚するの」なんて話してくれることもよくあります。

子どもが、人を好きになる気持ちは大切にしてあげたいですね。「大切なお友達ができてよかったね」と話を聞いてあげましょう。ですが、キスはNG！　お母さんが「口は『水着ゾーン』」だと教えたのは正しい対処です！

ただ、それでもやめない子はいます。それは、この年代はまだ、数回聞いたくらいでは行動につなげるまでの理解はできないためです。決してお母さんの思いが伝わっていないわけではありませんよ。何度も繰り返し伝えることが大切です。時には伝え方を変えてみるのもいいでしょう。

「あなたは好きだからキスしているかもしれないけど、相手はどう思っているかな？　嫌と言えないのかもしれない。あなたの思いだけでキスをしてはいけないよ」「キスをしているのを悪い人に見られたら？　この子はキスしてもいい子だと思われてしまうよ！　自分の身を守るためにも、お友達とのキスはやめようね」といった具合です。

おちんちんがピーン！

朝、４歳の息子を起こしたくて身体中をさすっていました。そうしたら、気持ちよかったのか、おちんちんがピーン！　私は気づかないフリをしていましたが、息子が自分で気づき、「ママ、なんでおちんちんってピーンってなるの？」と聞いてきました。アタフタするばかりでした。

⬇こんな時こそアレを使いましょう。そう、「魔法の言葉」です。「いい質問だ

そう！　性は科学なのです！

ね！」を忘れなければ、どんなことが起きてもこわくありません。

お母さんがアタフタしてしまったのは、勃起に卑猥なイメージを持っているからです。ですが子どもは、勃起を卑猥とは思っておらず、「なぜ体でこんなことが起きるの？」という科学の視点で捉え、質問をしているのです。「ママ、なんで雷ってピカッてするの？」と質問をするのと同じ感覚です。なのでお母さんも、勃起という生理現象を理解し、子どもに伝えてあげましょう。

勃起は、何もしなくても一日に何度も起こります。おちんちんの中にある尿道は陰茎海綿体で覆われていて、ここに血液が送り込まれれば勃起するだけの仕組みです。もちろんなんらかの刺激に反応することもありますが、性的な意味での勃起は二次性徴を迎えてから。当分先のことです。

4歳なら「カッコいいね」と褒めてあげてもいいでしょう。ただし、「このことは外で話してよかったかな？　水着ゾーンだったよね」と付け加えましょう。

取り囲んでおしりペチペチ

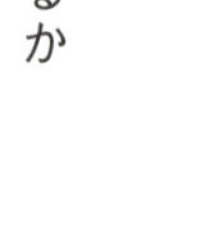

児童館で3、4歳の男の子が集まった時のことです。Yくんが、トイレに行く前に必ず、おしりを丸出しにして、ふざけてみんなに見せていました。Yくんのお母さんが堪らず、「そんなことしない！」とおしりをペチンッと叩きました。すると今後は、それを見ていた他の男の子たちが、Yくんがトイレから戻ってくるなり取り囲み、ズボンを下げておしりをペチペチ叩きはじめました！

➡子どもにとって、「おしり」は大好きなツールであることは間違いありません。だから、「うんこ・ちんちん・おっぱい」そして「おしり」発言のすべてを完全に禁止するのは無理があります。頭ごなしに言うのでは、子どもと性の話をするきっかけを失いかねません。

「うんこ・ちんちん・おっぱい・おしり」でふざけるのは、自分の家の中なら大いにOK！　でも、一歩家から出たら絶対にNG！　と子どもと約束をし、ルールを徹底させましょう。この感覚が、後々「マスターベーションは、家では大い

にOK！　外で見せるものではない！」という感覚にもつながっていくのですよ。

保育士さんのおっぱいを……

5歳の息子は保育園のナツキ先生が大好き。ある日、家に帰ってくるなり、「今日ナツキ先生のおっぱいモミモミした♪」と嬉しそうに話してくれました……。

⬇先生はどんな気分だったと思いますか？　びっくりして何もできなかったのかもしれません。保護者や他の先生の手前、あからさまに子どものイタズラを拒否することができなかったのかもしれません。

おっぱいをモミモミすることは、間違いなく痴漢と同じ行為で、子どもだからといって許されません！　お母さんがその事実を知ったのなら、子どものために、そして先生のために、行動しましょう。きちんと謝罪をする姿を見せてください。子どもは親の本気を見ています。そして、「水着ゾーン」という言葉を使って、「自

※これは「子どもの特権」ではありません！

分以外の人の胸を触ってはいけない」ことを理解させましょう。先生だけではありません。お友達の胸を触ってしまったら、それこそ大事件！　幼い我が子が「加害者」にならないためにも、お母さんの声掛けがとっても大切なのです。

かっこいい動画

「かっこいいどうが！」と2歳の息子が携帯に向かって叫びました。検索結果は【かっこいい男とHする動画】！　悲鳴ものでした！

⬇クリックなどの操作ができなくても、今は言葉をかけるだけで検索ができますね。子どものたどたどしさの残る発音では、思いもよらぬ性の情報にアクセスしてしまうことは日常茶飯事です。だからといって、現代の子育てにおいて、子どもからスマホ・タブレットなどを完全に遠ざけることは難しいですよね。

私ならこういう場合、無理に取り上げるのではなく、「おもしろい？」と聞き、

動画を一緒に見てみます。問題ないセックス動画なら、ここぞとばかりに性教育を！　仮に暴力的なシーンがあるなど問題のある動画なら、これがどう問題なのかを説明します。そして、「お母さんは、こんなセックスは嫌だ」「こういうのを見て欲しくないな」とアイメッセージで伝えます。

性教育アドバイザーとして全国のお母さんたちの声に耳を傾けると、本当にさまざまな性のお悩みに出会います。

「あるある！　それはみんな経験していることだから悩まないで！」ということもあれば、「おっ新ネタ来ました！　さてこれは腕が鳴るぞ」というエピソードまで、みなさん赤裸々に、ときに涙しながら語ってくださいます。

私はそこに、お母さんからお子さんへの大きな「愛」を感じて、いつもとても幸せな気持ちにさせてもらっています。もしみなさんにお会いできる機会があれば、そんな「愛」のお話、ぜひ聞かせてくださいね。

おわりに

天国で楽しく暮らしているであろう実父は本当に豪快な人でした。

まだ幼少だった私に、性の話をつつみ隠さず話してくれました。

私の性教育の基盤は実父によってつくられたといっても過言ではありません。

毎年7月7日になると、父は、必ずこんな言葉を切り出しました。

「娘よ、今日は七夕だ。1年に1度、織姫と彦星が愛を語り合うロマンティックな日である。そこで、今日は父と母も愛をはぐくむため、寝室のドアは決して開けてはいけない。立ち入るべからず！」

七夕なのか鶴の恩返しかわからない（笑）。

ツッコミを入れたくなるところですが、幼心に、「何だか邪魔しちゃいけない……！」と思っていました。

他にも、「お前はお盆の日にできた子だ。これさえ知っておけば、お前が妊娠しても出産する日がすぐわかるだろ？」と、妊娠期間を教えてくれたり。

母の生理周期も覚えているし、女性には安全日とそうじゃない日があるから気を付けるように！　なんてことも小学生の頃から言われていました。

〝秘め事〟としてではなく〝事実〟としての「性」を愛情たっぷりに教えてくれたこと、今では感謝しかありません。

だから「子どもは大人が愛し合うとできるもの」と、自然にインプットされていた気がします。

私って愛されて生まれてきたんだな～と、究極の自己肯定感を持てたのは、父から受けた性教育のおかげです。

私自身も我が家の3人の娘たちに「あなた達は愛されて生まれてきたんだよ」と日々伝えています。

皆さんも、まずはこの根っことなる「大好き！」って気持ちをお子さんにたくさん伝えてくださいね。

最後になりましたが、全国のパンツの教室インストラクターの皆さん、「子ども達の笑顔を守りたい」、その思いを共有する皆さんの協力がなければ、本書を書き上げることはできませんでした。心より感謝いたします。

また「パンツの教室」立ち上げ当初から応援してくださった樋口梨冴さん、松永ゆかりさん、ハムザウィ弘子さん、コンドウきょうこさん。2年前、暖房も効かない会議室で、たった4人から始まったパンツの教室が今、こうして全国の皆様に広まりつつあるのは、皆さんの支えがあってこそです。ありがとうございます。

そして、執筆のきっかけを与えてくださった山口拓朗さん、朋子さんご夫妻にも、心から御礼を申し上げます。

本書を読んでくださった一人でも多くのお母さんに、お子さんと楽しんで性について話しあっていただければ、とても嬉しく思います。

平成最後の冬に　のじまなみ

のじまなみ Nojima Nami

性教育アドバイザー。「とにかく明るい性教育【パンツの教室】協会」代表理事。防衛医科大学校高等看護学院卒業後、看護師として泌尿器科に勤務。夫と3人娘の5人家族。「子ども達が危険な性の情報に簡単にアクセスできる世界にいる」ことに危機感を抱き、2016年「とにかく明るい性教育【パンツの教室】アカデミー」を設立。国内外4000名のお母さん達に、家庭でできる楽しい性教育を伝える。2018年「とにかく明るい性教育【パンツの教室】協会」設立。楽しく遊びながら性教育ができるオリジナルカードの開発も手がける。国内外の主要メディアからの取材多数、幼稚園・保育園・小学校からの要請を受け全国で講演多数。
とにかく明るい性教育【パンツの教室】協会　https://pantsu-kyoshitsu.com/
無料メルマガ　https://pantsu-kyoshitsu.com/agent/

イラスト　おぐらなおみ
デザイン　岡 睦、野村彩子（mocha design）
編集　小林裕子
協力　岩﨑美帆 向島千絵

お母さん！ 学校では
防犯もSEXも避妊も教えてくれませんよ！

2018年12月20日　初版第1刷発行
2019年 1 月25日　初版第4刷発行

著者　のじまなみ
編集人　宮田玲子
発行人　廣瀬和二
発行所　辰巳出版株式会社
〒160-0022　東京都新宿区新宿2丁目15番14号　辰巳ビル
TEL 03-5360-8097（編集部）　03-5360-8064（販売部）
http://www.TG-NET.co.jp
印刷所　三共グラフィック株式会社
製本所　株式会社セイコーバインダリー

ISBN978-4-7778-2214-0 C0037